HEINER TIMMERMANN (Hrsg.)

Bildung in der Europäischen Union

Dokumente und Schriften
der Europäischen Akademie Otzenhausen

Herausgegeben von

Heiner Timmermann

Band 73

Bildung in der Europäischen Union

Herausgegeben von

Heiner Timmermann

Duncker & Humblot · Berlin

Die Deutsche Bibliothek – CIP-Einheitsaufnahme

Bildung in der Europäischen Union / hrsg. von Heiner Timmermann. – Berlin : Duncker und Humblot, 1995
(Dokumente und Schriften der Europäischen Akademie Otzenhausen e.V. ; Bd. 73)
ISBN 3-428-08241-9
NE: Timmermann, Heiner [Hrsg.]; Europäische Akademie ⟨Otzenhausen⟩: Dokumente und Schriften ...

Fotoprint: Berliner Buchdruckerei Union GmbH, Berlin
Printed in Germany

ISSN 0944-7431
ISBN 3-428-08241-9

Inhaltsverzeichnis

Grundmodelle der Bildungskonzeptionen - dialektisch-reflexive und dialogische Modelle

Von Helga Braun

1. „Bildung“ - Versuch einer Definition

Etymologisch geht der Begriff „Bildung“ auf die indogermanische Silbe „Bil“ zurück, die soviel bedeutet wie spalten, behauen, bearbeiten. Der Begriffskomplex „Bildung“ ist von Anfang an in Deutschland polyvalent und reicht von handwerklich, künstlerischen Formen bis hin zum Vorstellen geistiger Bilder, wobei diese Bedeutungsinhalte zwar auf unterschiedlicher Ebene, jedoch mit der Grundvorstellung des Bildens und Bearbeitens sowie des Nachahmens und Abbildens zusammenhängen. *Bildung* ist einer der Grundbegriffe der Pädagogik in Deutschland, um nicht zu sagen, der Grundbegriff. Die Bedeutungsinhalte, die diesem Begriff zugeschrieben werden, umfassen eine weite Palette. In dem Begriff *Bildung* spiegeln sich das Selbstverständnis des Menschen sowie sein jeweiliges Weltbild wider, so daß der Begriff nicht eindeutig und abschließend definiert werden, sondern in seiner Vielschichtigkeit nur dynamisch erschlossen werden kann. Interessant ist auch in diesem Zusammenhang, daß es für den deutschen Begriff „*Bildung*“ in anderen Sprachräumen kein sprachliches Äquivalent gibt.

2. Der Begriff „Bildung“ in der historischen Entwicklung

Der historische Ursprung des deutschen Bildungsbegriffes ist umstritten. Er wurde zeitweilig im Neuhumanismus bzw. im Idealismus gesucht oder auch dem Pietismus oder gar der deutschen Mystik (Meister Eckhart) zugeordnet. In der mittelalterlichen Mystik bedeutete Bildung das „Einbilden“ des Bildes Gottes (imago Dei) in die Seele des Menschen, die Gottesebenbildlichkeit. Ziel dabei war, die Herausbildung des Gottesbildes als „gnadenhafte Einbildung“ um eine mystische Vereinigung mit Gott zu erreichen. Der Begriff Bildung wurde jedoch später säkularisiert und im Sinne von „Einbilden“ von Wissen verwendet.

Die lateinische Unterscheidung zwischen eruditio (Entrohung, Verfeinerung) und formatio (Gestaltung, Bildung) oder educatio (Zucht, Aufzucht) brachte bis ins 18. Jahrhundert eine Reduzierung des Begriffes Bildung im didaktischen Sinne der Wissensvermittlung und geistigen Lenkung. Dabei lag der Schwerpunkt auf der Beeinflussung des Schülers durch den Lehrer, des Lernenden durch den Lehrenden. Bildung erfolgte also nicht selbstverantwortlich, selbstgesteuert, sondern fremdgesteuert und fremdbestimmt. In die pädagogische Fachsprache wird der Begriff „*Bildung*" im 18. Jahrhundert übernommen. Im geistigen Umfeld der Aufklärung und im politischen Zusammenhang mit der Emanzipation des dritten Standes gewinnt Bildung eine neue Bedeutung und Dimension: sie bezeichnet die kritische Distanz des aufgeklärten Menschen gegenüber Metaphysik und Theologie und der herrschenden Klasse und begründet die Autonomie in der eigenen Vernunft. Der Mensch befreit sich durch *Bildung* aus den überkommenen Verhältnissen. Seine entscheidende Grundlage findet dieses Bildungsverständnis bei Gottfried Wilhelm Leibniz (1646-1716). Bei Leibniz wird Bildung zur Ausfaltung der in der Seele innewohnenden Kräfte. Seine Auffassung des Menschen als Monade und der Deutung der Substanz als Kraft, gilt als Begründung des modernen Gedankens von der individuellen Einmaligkeit des Menschen. Unter dem Einfluß von Leibniz und auch Klopstock kam es zu diesem fundamentalen Bedeutungswandel. Statt die Lenkung und Steuerung des Schülers in den Vordergrund zu stellen, wurde nun ein reflexives und vor allem subjektivistisches Bildungsdenken betont, d.h., Bildung wurde im wesentlichen als Selbstbildung verstanden.

Der Anstoß zu diesem Denkansatz wurzelte in der Erkenntnis, daß der Mensch die Entfaltungsmöglichkeiten seines individuellen Selbstseins in sich selbst trägt, die dann lediglich von der potentiellen Möglichkeit zur aktuellen Wirklichkeit gebildet werden müssen. Johann Gottfried Herder vertrat die Ansicht, der Mensch wird selbst zum Ziel und Zweck seiner Bildung. Die Aufklärung sah in diesem von Leibniz dargestellten Ausfaltungsprozeß einen durch planmäßig erzieherische Einwirkungen von außen verursachten Vorgang, d.h., der Mensch mußte zu seinem Glück und zu seiner Tugend hingeführt werden. Demgegenüber wurde im Humanismus und Idealismus *Bildung* zur Selbstgestaltung des Menschen.

Gegenüber der drohenden Mechanisierung wurde die These vom Menschen als Zweck seiner selbst zugespitzt (Kant, Herder). Bezugspunkt der Bildung ist nicht ein von außen herangetragenes Bild, sondern die Bestimmung des Menschen selbst. Hegel lehnte diesen harmonisierten Bildungsbegiff ab, in der Dialektik von Allgemeinem und Besonderem tritt die individuelle Bildung in den Dienst am Absoluten und wird zur Abarbeitung der Subjektivität in den allgemeinen Geist. Bildung wird zur Selbstverwirklichung des Geistes.

Aus der Kritik am Hegelschen Ansatz heraus entzündete sich das Bildungsdenken in der Folgezeit. Der äußere Zerfall des humanistischen Bildungsideals zur enzyklopädischen Vielwisserei und seine ideologische Vermarktung im Bildungsbürgertum forderte die Bildungskritik heraus (Schopenhauer, Nietzsche). In dem Bemühen, die Bildung und die Selbstverwirklichung des Menschen in den historisch- gesellschaftlichen Kontext zu stellen, entwarf Marx den Gedanken einer polytechnischen Bildung. Kierkegaard verstand unter Bildung die Selbstverwirklichung des einzelnen im unausweichlichen „Entweder-Oder“ der konkreten Entscheidung in der jeweiligen Situation. In der Existenzphilosophie wurde diese Selbstverwirklichung angesicht realer Gegensätze thematisiert (Guardini, Jaspers) und in die soziale Dimension der Mitmenschlichkeit und Sachgerechtigkeit gestellt. Eine Anknüpfung an Hegels Theorie des objektiven Geistes stellt auch Sprangers einflußreiche Bildungstheorie dar.

Nach 1945 haben vor allem Litt und Weinstock eine Neubestimmung des Bildungsbegriffes angesicht von Arbeit, Technik und Politik vorgenommen. Gegenüber der harmonisierenden Sicht des Neuhumanismus wurde dabei als entscheidendes Moment von Bildung die Auseinandersetzung mit dem Anderen, dem Fremden, das Aushalten von Widersprüchen und das Ertragen von Spannungen und Antinomien hervorgehoben.

Die weitere Entwicklung des Begriffes Bildung war in Deutschland eng verbunden mit der Entwicklung der Pädagogik zur Wissenschaft, dabei blieb die Abgrenzung gegenüber dem älteren Begriff der *Erziehung* stets kontrovers.

Spranger und Litt z.B. betrachteten „Bildung“ als Oberbegriff und O. Willmann und F.X. Eggersdorfer ordneten den Begriff der Bildung dem Begriff der Erziehung unter. Kerschensteiner z.B. benutzte die beiden Begriffe *Bildung* und *Erziehung* synonym. Die synonyme Handhabung der Begriffe hat sich jedoch nicht durchgesetzt, da Bildung und Erziehung offensichtlich zwei unterschiedliche Komponenten in der Entwicklung des Menschen sind, die sich zwar gegenseitig bedingen, jedoch nicht austauschbar sind.

3. Bildungsbegriff heute

Bis in die sechziger Jahre galt das von Spranger, Litt und Weinstock geprägte Bildungsdenken, in dessen Mittelpunkt die rein ichbezogene Selbstvervollkommnung stand. Die Kritik an diesem Bildungsdenken richtete sich gerade gegen diese Egozentrik, die gegen die legitimen Ansprüche der Mitmenschen verstoße und sich so auch zwangsläufig gegen die Gesellschaft und gegen den Staat richte. Die rein auf das eigene Ich bezogene Bildungskonzeption vernachläßige die soziale Komponente, die jedoch von großer Bedeutung sei, da der Mensch nicht isoliert, sondern in einer Gesellschaft lebe. In der seither geführten bildungstheoretischen Diskussion war die Aufhebung des Dualismus Subjekt:Objekt bzw. die Überwindung des Subjektivismus das gemeinsame Anliegen.

Der Begriff „Bildung“ wird heute von verschiedenen Seiten in Frage gestellt. Von der analytischen Erziehungswissenschaft wird er abgelehnt, weil er zu ungenau ist, nicht operationalisierbar und einer empirischen Untersuchung nicht zugängig ist. Der Begriff Bildung wird statt dessen aufgesplittet in empirisch überprüfbare und politisch steuerbare Prozesse z.B., der Sozialisation, der Individuation, der Qualifikation, der Reproduktion usw. Auch: der inzwischen fast inflatorisch gewordene Gebrauch des Begriffes Bildung in zahlreichen Komposita, wie z.B. Bildungspolitik, Bildungsplanung usw. scheint den Begriff eher zu entleeren bzw. zu verwässern als zu präzisieren.

Demgegenüber bleibt aber festzuhalten, daß Bildung gerade das meint, was den Menschen in seinem „Menschsein“ ausmacht, nämlich die aller Planung und Machbarkeit entzogene Selbstbestimmung der eigenen Persönlichkeit.

In den letzten zwei Jahrzehnten ist eine Bildungsexpansion in der Bundesrepublik Deutschland zu verzeichnen, die einem enormen Ausbau des Schul- und Bildungswesens mit sich brachte. Außerdem haben sich verschiedene neue Wissenschaftsdisziplinen herausgebildet, die sich der Förderung der Bildung widmen, wie z.B. Bildungsökonomie, -soziologie, -forschung usw..

Bis in die sechziger Jahre hinein gab es eine kritisch-produktive Auseinandersetzung mit traditionellen Bildungsvorstellungen. Dann ließ das Interesse an einer bildungstheoretischen Klärung erkennbar nach.

Die Frage, die sich heute stellt, wie der Begiff Bildung besetzt ist bzw. ob Bildung überhaupt ein sinnvoller Begriff ist, läßt sich wohl nur anreißen, aber in diesem Rahmen nicht abschließend diskutieren.

4. Moderne Bildungstheorien - moderne Bildungsmodelle

Im Prozeß der Bildung kommen grundsätzlich zwei Posititonen ins Spiel: Der Mensch, der in seine Menschlichkeit hineinfinden soll, und auf der anderen Seite sein Umfeld, seine Umwelt, die Welt mit ihren Menschen, Wesen und Dingen. Zur Bildungsvermittlung zwischen Mensch und Welt gibt es unterschiedliche Vorstellungen und Ansätze. Alle bildungstheoretischen Ansätze, die davon ausgehen, daß Menschlichkeit die vollendet verstandene Subjektivität des Bildungssubjektes beinhaltet, gelten heute als überholt. Menschlichkeit zeigt sich in diesem Ansatz nur als menschliche Handlung an Menschen und Dingen. Dieser Ansatz greift jedoch zu kurz, denn Aufgabe einer Bildungstheorie muß es sein zu zeigen, wie der Mensch über sein Wissen zum Handeln kommt, wie das Wissen aktiviert und umgesetzt werden kann. Erst die *Neuzeit* hat den Menschen dazu gebracht, für seine Selbstverwirklichung aufzukommen. Auf diesem gedanklichen, philosophischen Hintergrund hat die neuzeitliche Pädagogik verschiedene bildungstheoretische Grundmodelle entwickelt, die die jeweiligen Rollen von Subjekt und Objekt verschieden darstellen.

a) Funktionales Bildungsmodell

Das funktionale Bildungsmodell geht von der Interdependenz von Welt und Mensch, von Selbst und Anderem, von Lernendem und Stoff aus. Welt und Mensch z.B. sind zwar unterschiedliche Komponenten, aber sie bedingen sich gegenseitig, sie hängen von einander ab.

Zu diesen Bildungsmodell gehören nun die formale und die materiale Bildungsauffassung.

Formale Bildung hat die Entwicklung und Übung der jugendlichen Kräfte zum Ziel. Die Dinge der Welt werden zum Stoff und der Sinn der Dinge, der Wert der Dinge besteht allein darin, auf die Menschen eine kraftbildende Wirkung auszuüben. Die „Welt" ist nur als geeigneter Stoff, als notwendige Materie für die Ausbildung der Menschen wichtig. Dieses Abhängigkeitsverhältnis wird aber auch umgekehrt sichtbar, denn der Sinn der Bildung des Menschen wird darin gesehen, ihn zum Träger und Vollender der Kultur zu machen. Ch.G. Salzmann hat 1806 in seinem

„Ameisenbüchlein“ das Programm einer „formalen Bildung“ entwickelt, in dessen Mittelpunkt die „Entwicklung und Übung der Jugendlichen Kräfte“ steht. Diese formale Bildungsauffassung war solange unproblematisch, wie sich der Bildungsprozeß innerhalb eines geschlossenen, normativen Weltbildes vollzog. Innerhalb dieses Systems war das Handeln des Subjekts immer von dem vorhandenen Wertekatalog vorgegegeben und bestimmt. Der Historismus des 19. Jahrhundertes zeigte nun die Relativität dieser vorausgesetzten und vorgegebenen Normen auf und brachte dadurch die bis dahin gesicherte Handlungsgrundlage ins Wanken.

Nachdem Handlungsnormen nicht mehr vorgegeben und als absolut anzusehen waren, wurde der Übergang vom Wissen zum Handeln die entscheidende Schnittstelle. Mensch und Welt wurde dann als Synthese verstanden.

Materiale Bildung dagegen will dem Jugendlichen die Dinge selbst erschließen, damit er mit ihnen etwas anfangen kann, damit er sie verwenden kann.

Formale Bildung bezieht sich also auf die Entwicklung und Übung materiale Bildung betrachtet Bildung als Eigenwert. Die Wissensvermittlung steht im Zentrum.

Klafkis Kritik gegen die formale Bildung ist hauptsächlich gegen die einer „funktionalen Kräfteschulung“ gerichtet, die die Güter der Kultur nur als „Stoffe“ und „Mittel“ der Selbstverwirklichung ansieht. Klafki vertritt die Ansicht, daß Bildung nur in der Vereinigung von formaler und materialer Bildung nach dem Prinzip der doppelseitigen Erschließung erfolgen kann. Sinn der Bildung ist danach nicht mehr, die dem Subjekt angeborenen oder mitgegebenen Möglichkeiten und Fähigkeiten zu üben und zu entfalten, sondern ihm in dem kulturellen Gestalten der Zeit als den objektivierten Möglichkeiten der Menschheit seine subjektiven Möglichkeiten zu erschließen.

b) Dialektisch-reflexives Bildungsmodell

Gegenstand der Pädagogik beim dialektisch-reflexiven Bildungsmodell ist die lebendige Wirklichkeit des Geistes. Um seiner Dialektik nachkommen zu können, muß die Pädagogik selbst dialektisch vorgehen. In den Theorien der kategorialen Bildung werden „Selbst“ und „Anderer“, „Mensch“ und „Welt“ nicht mehr als Inneres und Äußeres gegenübergestellt, sondern als sich gegenseitig bedingend angesehen. Der „Andere“ oder das

„Andere“ erweist sich als dialektische Voraussetzung des eigenen Ich, des Selbst. Im oder am „Anderen“ zieht sich das Selbst zum verantwortlich handelnden Individuum empor. Dieser Bildungsansatz steht in der Tradition von Hegel und seiner Aufforderung „im anderen zu sich selbst zu kommen“. Nicht mehr der nur wissende, sondern der handelnde Mensch ist das Bezugssystems dieses Modells.

Der Bildungsprozeß nun selbst vollzieht sich in dieser Vorstellung in drei Stufen:

1. Auf der ersten Stufe des Umgangs ist der einzelne naiv eingeschlossen in die Welt der Natur und des Geistes, aus deren Bedeutungsfülle der Mensch nur intuitiv handeln kann.
   Er ist für sein Handeln noch nicht verantwortlich zu machen.

2. Auf der zweiten Stufe setzt sich der Mensch mit dem ihm umgebenden „Anderen“ auseinander. Er lernt das Andere und dadurch auch sich selbst verstehen. Aus diesem Prozeß des Verstehens erwächst ein Sich-verstehen-auf-etwas, ein Können, ein Vermögen. Der Mensch wird einer Sache mächtig. Wirklich „gebildet“ jedoch wird der Mensch erst auf der dritten Stufe.

3. Auf der dritten Stufe handelt er sinnvoll, d.h., sinnvoll im Gebrauch der Machtfülle, die er durch Verstehen gewonnen hat. Er ist jetzt für sein Handeln verantwortlich. Er ist nicht mehr Objekt sondern Subjekt, Subjekt seines Verstehens, seines Wissens und und vor allem seines Wollens.

c) Dialogisches Bildungsmodell

Im dialogischen Bildungsmodell wird die Frage in den Vordergrund gestellt, ob es sich im Bildungsprozeß überhaupt um eine vom Subjekt gesteuerte Vermittlungsbewegung zwischen Subjekt und Objekt handelt. Bildung darf danach nicht mehr in einer bestimmten „Gestaltung“ oder „Bildung“ des Subjekts gesucht werden, sondern weist auf die menschliche Handlung hin, in der Mensch und Sache unlösbar verschränkt sind. Bildung intendiert das Zueinanderkommen, das Miteinander von Person und Sache zu einer neuen, menschlich gestalteten Welt. Bildung meint sachverständigen und verantwortungsfähigen Einstand und Beistand für das Existieren von Mensch und Welt.

Radikaler als in der zuvor vorgestellten dialektisch-reflexiven Konzeption, wird im dialogischen Bildungsmodell überlegt, ob es sich im Bildungsprozeß überhaupt um eine vom Subjekt gesteuerte Vermittlungsbewegung zwischen Subjekt und Objekt handelt. Oder ob es sich nicht um eine unlösbare Verschränkung zwischen Mensch und Mensch sowie zwischen Mensch und Sache handele.

Innerhalb des dialogischen Bildungsmodells gibt es unterschiedliche Ansätze, von denen kurz die wichtigsten vorgestellt werden:

O.F. Bollnow stellt das Phänomen der *„Begegnung“* ins Zentrum seiner durch den Existentialismus geprägten Bildungstheorie. Begegnung bewirkt eine Neuorientierung des Handelns. Der antisubjektive Charakter der Begegnung sprengt die Subjektivität des Bildungsgeschehens.

M. Buber kennzeichnet die „Erfahrung der Gegenseite“ als konstitutiv für das dialogische Modell. Pädagogisch wertet er diese „Erfahrung der Gegenseite“ als „Umfassungserfahrung“.

T. Ballauf und K. Schaller geht es darum, daß Mensch und Sache „zueinanderkommen“, zueinanderkommen zu einer neuen, menschlich gestalteten Welt, die als „Gefüge“ beschrieben wird. Die Struktur und das Ziel des Gefüges ist „nicht der zu gewinnende Selbstand der Person, die Selbständigkeit, die Autonomie des Subjekts, sondern Einstand und Beistand“.

H.J. Heydorns neomarxistisches Bildungsmodell stellt die Dialektik von Bildung und Herrschaft sowie Bildung und Arbeit in den Mittelpunkt. Bildung strebt danach die Überwindung aller Verhältnisse an, die die Befreiung des Menschen zum Menschen verhindern, also strebt Bildung die Abschaffung der Herrschaft an.
Die Theorie von Bildung ist zugleich eine Geschichte der Bildung.

Nach Heydorn hat die Bildungstheorie bei Marx mit der Idee der polytechnischen Bildung und der spekulativ vorweggenommenen Versöhnung von Bildung und Arbeit geschichtlich ihren Höhepunkt erreicht.

Seither ist eine Verfallsperiode zu verzeichnen, deren letzter Abschnitt mit der Bildungsreform Ende der sechziger Jahre eingeleitet wurde und in der Abwertung der klassischen Bildung zum Ausdruck kommt. Neben dem Ziel, das Schulsystem zu verbessern und Chancengleichheit für alle sozialen Schichten zu erreichen, gerieten Fragen nach dem grundsätzlichen Ziel von Bildung in den Hintergrund. Die Fragment gebliebene Arbeit von

H.J. Heydorn war der letzte Versuch, eine geschlossene Theorie von Bildung zu entwickeln.

Seit Anfang der siebziger Jahre ist ein großes Desinteresse an Norm- und Sinnfragen von Bildung und Erziehung zu verzeichnen. Wir können feststellen, daß es zur Zeit keinen konsensfähigen Bildungsbegriff gibt. Symptomatisch dafür ist die bevorzugte Verwendung von weniger ideologieverdächtigen Begriffen wie z.B.:

Wissen, Kompetenz, Qualifikation anstelle von Bildung. Dabei wird häufig übersehen, daß diese Begriffe wie z.B. vom „Deutschen Bildungsrat" im Strukturplan von 1970 aus dem Amerikanischen übernommenen Begriff der *Kompetenz*, einen eigenen bildungstheoretischen Hintergrund haben, wie hier z.B. den Behaviorismus und die funktionalistisch orientierte Systemtheorie.

d) Exkurs: Curriculumforschung

Curriculum hat in der anglo-amerikanischen Erziehungswissenschaft den Bedeutungsgehalt von operationalisierbaren Schullehrplänen gewonnen und wurde 1967 wieder in die deutsche Pädagogik eingeführt. (Bereits in der Barockpädagogik des 17. Jahrhunderts wurde der Begriff von Comenius verwendet). Curricula wurden in eindeutiger Distanz zu den alten Lehrplänen aufgestellt. Die alten Lehrpläne waren nicht eindeutig operationalisierbar. Es wurde nicht nur ein Zusammenhang von Zielen, Lernerfahrungen und Realisierungsbedingungen hergestellt, sondern auch Verfahren der Erfolgskontrolle. Lernziele wurden formuliert als beobachtbar- und meßbares Schülerverhalten. Die Curriculumforschung in den letzten Jahren bietet Beispiele dafür, daß formale Kategorien an Stelle der verlorengegangenen Bedeutung treten: wie z.B. „Denken-lernen", „Lernenlernen", Flexibilität und Kreativität. Indem Ziele und Inhalte nur noch zweitrangig erscheinen, ergeben sich auffallende Parallelen zu Folgerungen aus der theoretisch bereits überholten „formalen" Bildungstheorie.

Die Curriculumforschung bestätigt die auch in anderen sozialwissenschaftlichen Problemfeldern beobachtete Tendenz, Legitimationsprobleme durch Verfahrungsregelungen zu umgehen.

5. Derzeitige Diskussion

Die derzeitige Diskussion beschäftigt sich mit den ungelösten Fragen der Bildungspolitik. Stichwortartig sollen die wichtigsten Themen hier vorgestellt werden:

- Umstrukturierung des Bildungssystems in den neuen Ländern. Das in der ehemaligen DDR vorgegebene Erziehungsziel der allseits gebildeten sozialistischen Persönlichkeit mit realsozialistischen Relikten, mit der Fokussierung auf Antikapitalismus, Antifaschismus usw.,

- Angleichung der Bildungssysteme im föderalen System der Bundesrepublik,

- Einführung der zwölfjährigen Schulzeit in der Bundesrepublik Deutschland,

- Eigenarten der „mädchenspezifischen" Bildung,

- Betreuungsschulen,

- Regelung beruflicher, allgemeiner, kultureller und politischer Weiterbildung,

- Aufwertung der Berufsschule als qualifizierter Bildungsgang der Sekundarstufe II,

- Multikulturalität und Multiethnizität,

- Existenz der Hauptschule als „Restschule",

- Schüler-Lehrer-Relation,

- Frauenanteil in der Lehre an den Hochschulen,

- berufliche Fortbildung,

- Bildungsgerechtigkeit.

Diese Themenkomplexe werden in der anschließenden Diskussion ausführlich behandelt.

6. Bildungspolitik - Bildung 2000

Die Enquète-Kommission des Deutschen Bundestages hat sich über zwei Jahre mit der Frage auseinandergesetzt, „wie sich die abzeichnenden Herausforderungen an die Jahrtausendwende bildungspolitisch zu meistern sind". Ein bildungspolitischer Konsens, wie zu Beginn der Arbeit der Kommission angestrebt, wurde nicht gefunden, wenngleich ein Ende der alten bildungspolitischen Grabenkämpfe aus den 70er und 80er Jahre zu verzeichnen ist.

Unter Bildungsexperten ist unstrittig, daß mit der Arbeit der Enquète-Kommission erstmals nach dem Auflösen des Deutschen Bildungsrates (1975) und dem Abschied von der Fortschreibung gesamtstaatlicher Bildungsplanung wieder ein Versuch unternommen wurde, Bildungspolitik in ihren gesamten gesellschaftlichen Zusammenhängen zu beschreiben, die Probleme aufzulisten und nach Lösungen zu suchen. Die Arbeit spiegelt auch das komplizierte Geflecht von Bundes- und Länderkompetenzen bei der Gestaltung der Bildungspolitik wider.

Dazu ein Auszug aus dem Vorwort des Vorsitzenden der Enquète-kommission „Bildung 2000" Eckhard Kuhlwein, SPD:

„Trotz dieser, wenn man sich bildungspolitischer Debatten seit Mitte der siebziger Jahre erinnert, durchaus nicht immer erwarteten Übereinstimmung in zentralen Fragen, lagen die grundsätzlichen Positionen von Mehrheit und Minderheit soweit auseinander, daß der Schlußbericht letztlich von Mehrheits-und Minderheitspositionen bestimmt wird. Die Analyse zentraler Aussagen der Mehrheits- und Minderheitsdarstellungen zu den „Grundherausforderungen und Orientierungen für die zukünftige Bildungspolitik" und den verschiedenen Bildungsbereichen zeigt daß ein Grundkonsens in der Bildungspolitik gegenwärtig kaum herstellbar ist:

- Das Thema „Gleichheit", so muß am Ende der Kommissionsarbeit festgestellt werden, spaltet Koalition und Opposition immer noch.

- Zur Verteilung der Lernzeiten auf das Leben (lebensbegleitendes Lernen) haben beide Seiten unteschiedliche Konzepte und Begründungen.

- Die Aufgabe des Staates und sein Verhältnis zu den Bildungssubjekten und den Lehrenden bei der Ausfüllung von Gestaltungsspielräumen im Bildungsalltag werden unterschiedlich bewertet.

Nachfolgend sollen kurz die herausgearbeiteten Gemeinsamkeiten aufgelistet werden:

- Der Hinweis auf die wachsende Bedeutung von Bildung und Ausbildung und die Notwendigkeit einer Bildungsexpansion.

- Die These, daß Bildung und Ausbildung einen Beitrag zu einem neuen Verhältnis der Geschlechter zueinander leisten müssen, was mehr ist als die Verwirklichung der Gleichberechtigung der Frauen.

- Die Erkenntnis, daß wir einen erweiterten Qualifikationsbegriff brauchen, bei dem Selbständigkeit und Kommunikationsfähigkeit im weitesten Sinne von besonderem Gewicht sind.

- Die Forderung, daß alle Ausbildungen die Bereitschaft zum umweltgerechten beruflichen Handeln in allen Berufs- und Lebensbereichen wecken und fördern müssen.

- Das Bekenntnis zum „lebensbegleitendem Lernen" und zur Bedeutung der Weiterbildung als vierte Säule des Bildungssystems.

- Die Betonung das Zusammenhangs von beruflicher, allgemeiner, politischer und kultureller Bildung in allen Bereichen des Bildungssystems und die Feststellung, daß allgemeine und berufliche Bildung grundsätzlich gleichwertig sind.

Obwohl in diesen großen „Linien" Übereinstimmung erzielt werden konnte, so werden doch in Details große Unterschiede deutlich. Das fängt an beim Stellenwert der beruflichen Bildung und hört auf bei den Voraussetzungen zum Hochschulzugang. Die Übereinstimmung bezieht sich eher auf unverbindliche Gemeinplätze und können wohl als der „kleinste gemeinsame Nenner" betrachtet werden.

7. Schlußbemerkung

Innerhalb des uns zur Verfügung stehenden Rahmens konnten die Grundmodelle der Bildungskonzeptionen nur angerissen und beispielhaft vorgestellt werden. Dazu war es notwendig, diese Konzeptionen in den allgemeinen Rahmen des Begriffes der „*Bildung*" zu stellen. Dabei ist der Versuch unternommen worden, den Begriff Bildung von seinen Ursprüngen her bis zur heutigen aktuellen Diskussion und Situation der Bildung- bzw. Bildungspolitik aufzurollen.

Literarturverzeichnis

Böhm, Winfried (Hrsg.): Wörterbuch der Pädagogik, Stuttgart 1988.

Böhme, Günther: Die philosophischen Grundlagen des Bildungsbegriffes. Eine Propädeutik, Kastellaun 1976.

Fischer, Franz: Darstellung der Bildungskategorien im System der Wissenschaften, Ratingen 1975.

Kleinert, Heinrich u.a. (Hrsg.): Lexikon der Pädagogik, Bern 1950.

Langerbucher, Wolfgang R./ *Rytlewski*, Ralf/ *Weyergraf*, Bernd (Hrsg.): Kulturpolitisches Wörterbuch Bundesrepublik Deutschland/ Deutsche Demokratische Republik, Stuttgart 1983.

Schlußbericht der Enquète-Kommission „Zukünftige Bildungspolitik", Drucksache des Deutschen Bundestages vom 5.9.1990.

Winkel, Rainer (Hrsg.): Deutsche Pädagogen der Gegenwart. Ihre Erziehungs- und Schul- und Bildungskonzeptionen, Düsseldorf 1984.

Bildungspolitische Rahmenbedingungen in der Europäischen Union

Von Armin Czysz

Im Dezember 1991 haben die Staats- und Regierungschefs der Europäischen Gemeinschaft in Maastricht den Fahrplan der europäischen Integration für die neunziger Jahre beschlossen. Neben dem in der Bundesrepublik viel diskutierten Beschluß, spätestens bis zum 1. Januar 1999 eine Wirtschafts- und Währungsunion zu errichten, werden viele andere Vereinbarungen, insbesondere aus dem Vertragsteil zur Politischen Union, wenig beachtet. Dabei finden sich gerade hier einige Bestimmungen, die für das „Europa der Bürger" von besonderer Bedeutung sind.

So wurde in den neuen Vertrag ein Kapitel zur allgemeinen und beruflichen Bildung eingefügt: ein wesentlicher Schritt auf dem Weg zu einem Bildungsraum Europa. Wichtig ist auch die Einführung einer „Unionsbürgerschaft", die den Europäern neue Rechte bringt: Während die Bürger der Gemeinschaft bisher nur Freizügigkeit genossen, wenn sie als „Wirtschaftssubjekte" handelten, also erwerbstätig waren, haben sie in Zukunft das Recht, sich als „Unionsbürger" im Hoheitsgebiet der Union frei zu bewegen.

Ganz im Sinne der Maastrichter Verträge liegt deshalb eine Richtlinie, die im Sommer 1992 in Kraft getreten ist, und den Studenten der Gemeinschaft, die im EG-Ausland bisher jedem anderen Ausländer gleichgestellt waren, ein Recht auf Aufenthalt im EG-Land ihrer Wahl gibt. Das Recht auf Zugang zu den Bildungseinrichtungen der jeweils anderen Mitgliedstaaten genießen die über 6 Millionen Studenten in der EG dank der Rechtsprechung des Europäischen Gerichtshofs schon seit einiger Zeit. EG-Bürger sind in der Gemeinschaft immer auch „Bildungs-Inländer".

1. Binnenmarkt: Herausforderung für die EU-Bildungspolitik

Einen wichtigen Anstoß zur Entwicklung von EG-Initiativen im Bereich der Bildungspolitik gab der Beschluß zur Verwirklichung des Europäischen

Binnenmarktes. Denn ein einheitlicher Markt bedeutet mehr als nur den ungehinderten Warenverkehr und den Wegfall der Grenzkontrollen. Er beinhaltet auch das Recht auf Freizügigikeit: Jeder EG-Bürger darf in jedem EG-Mitgliedsland eine Arbeit aufnehmen.

Ein Recht auf Erteilung einer Arbeitserlaubnis würde allein nicht ausreichen, um EG-Bürgern das Arbeiten im EG-Ausland zu ermöglichen. Zur Freizügigkeit gehört die Anerkennung der Diplome, gehört die Möglichkeit, die Arbeit im Ausland auch im tatsächlich erlernten Beruf aufzunehmen.

Doch auch die mittlerweile auf der Basis gegenseitiger Anerkennung geregelte europaweite Geltung der Diplome bedeutete nur die Vervollständigung des rechtlichen Rahmens. Erst durch Initiativen im Bereich der Aus- und Weiterbildung, die die Bürger in die Lage versetzten, die Angebote des Binnenmarktes auch tatsächlich wahrzunehmen, konnte Mobilität in Europa zur von vielen erlebten Wirklichkeit werden.

Die von der Europäischen Gemeinschaft deshalb initiierten Austauschprogramme sind mittlerweile fester Bestandteil der europäischen Bildungslandschaft: 1992 haben ungefähr 100.000 Studenten und Schüler im Rahmen der EG-Bildungsprogramme einen Teil ihrer Ausbildung im Ausland absolviert. Über die Hälfte der Hochschulen der Gemeinschaft ist an den EG-Austauschprogrammen beteiligt. Allein das Programm *Erasmus* förderte 1992 70.000 Studenten.

Als Folge der großen Nachfrage nach Hilfen für den Auslandsaufenthalt hat sich allerdings in den letzten Jahren eine mittlerweile nur noch schwer durchschaubare Vielfalt unterschiedlicher Maßnahmen entwickelt, in der sich wohl nur noch Experten zurechtfinden. Die Kommission will deshalb die Zahl der angebotenen Programme reduzieren und damit die EG-Bildungsinitiativen insgesamt durchschaubarer machen. Antonio Ruberti, zuständiges Mitglied der Kommission, hat in diesem Zusammenhang zu einer breiten Debatte aufgerufen. Ruberti unterstrich dabei die Bedeutung der Bildungspolitik für die Kommission: „Wir müssen heute mehr denn je die berufliche Bildung verbessern helfen. Dies ist auch ein wichtiger Beitrag zur Verwirklichung des Binnenmarktes.“

2. Schritt zum europäischen Zentralstaat?

Die Aktionen der Kommission im Bildungsbereich wurden allerdings von den Ländern in der Bundesrepublik Deutschland mit einem höchst kritischen Auge verfolgt. Sie fürchteten einen schleichenden Verfall ihrer

Kompetenzen. Immer wieder wurden Schreckensvisionen entworfen: Man warnte vor einem nach zentralistischer Manier verordneten „Einheitsbildungssystem".

Wie tief solche Vorurteile gegen die Arbeit der Europäischen Gemeinschaft gerade im Bereich Bildung noch sitzen, zeigen einige beispielhaft herausgegriffene Zitate aus Informationsdiensten für Lehrer. Da ist die Rede von „Anpassungsakrobatik und Bunkermentalität", von „verordneter Freizügigkeit", „von der gewaltsamen Etablierung eines Europäischen Einheitslehrers", vom „Generalangriff auf den verbeamteten Lehrer". Als krönenden Höhepunkt fand kürzlich ein Autor den Horrorbegriff von der „Europäischen Einheitsnormweise".

Tatsächlich ist es heute ganz sicher unbestritten, daß Europa nur unter strengster Beachtung des Subsidiaritätsprinzips zusammenwachsen kann. Deshalb bedeutet eine Bildungspolitik für Europa, so wie die Gemeinschaft sie versteht, zuallererst den Respekt vor gewachsenen und bewährten nationalen Bildungssystemen. Ein zentralistisch gesteuertes „europäisches Einheitsbildungssystem" ist heute undenkbar und wird auch undenkbar bleiben.

Eine Bildungspolitik, die den Bürgern der Gemeinschaft auch tatsächlich hilft, die Chancen, die der Binnenmarkt bietet, zu ergreifen, ist also nicht allein Sache der EU: Gerade die Mitgliedstaaten sind aufgerufen, ihre Ausbildungsgänge nicht nur „europaoffen" zu gestalten, sondern ihre Bürger auch beim Weg ins Ausland zu unterstützen. Dies sollte auch der deutsche Gesetzgeber bei zukünftigen Reformen der deutschen Ausbildungs förderung bedenken.

3. Bildungsgemeinschaft Europa

Widersprechen sich die Achtung vor der nationalen Vielfalt und das Konzept einer „Bildungsgemeinschaft Europa"? Die Frage läßt sich durch einen Vergleich mit der Unionsbürgerschaft beantworten: Die Bürger der Gemeinschaft werden in Zukunft zwar Unionsbürger sein, aber gleichzeitig Bürger ihrer eigenen Nation bleiben. Genauso wird es den „Bildungsraum Europa" geben - gibt es ihn nicht schon seit Jahrtausenden? -, ohne daß die Bildungssysteme der Mitgliedstaaten verschwinden oder auch nur in Mitleidenschaft gezogen werden. Die „Einheit in der Vielfalt" ist der einzig gangbare Weg, um auf der einen Seite die europäische Integration weiterzuführen und auf der anderen Seite die nationale oder auch regionale Identität der Mitgliedstaaten zu wahren.

Daß es auch in der Bildungspolitik Aufgaben gibt, die die Europäer besser gemeinsam lösen, ist mittlerweile genauso unbestritten wie die Tatsache, daß die Bildungspolitik im Grundsatz in der Kompetenz der Mitgliedstaaten liegen sollte. Das hat auch die Ständige Konferenz der Kultusminister in der Bundesrepublik Deutschland schon im Vorfeld von Maastricht so gesehen:

> „Bildung und Kultur spielen im Prozeß der europäischen Einigung eine wichtige Rolle. Der Integrationsprozeß hat einen Stand erreicht, der eine Ergänzung des EWG-Vertrages notwendig macht, die der Europäischen Gemeinschaft Befugnisse für solche Maßnahmen einräumt, die der weiteren Europäischen Integration besonders förderlich sind. Dadurch sollen gleichzeitig die Kompetenzen der Europäischen Gemeinschaft eindeutig umschrieben und damit in der Vergangenheit aufgetauchte Meinungsverschiedenheiten künftig vermieden werden. Die kulturelle Vielfalt und die Eigenständigkeit der Mitgliedstaaten, Länder und Regionen bleibt die Basis für die kulturelle und politische Entwicklung Europas."

Mit diesen Worten forderte die Kulturministerkonferenz der Länder in ihrem Beschluß zur Weiterentwicklung der Gemeinschaftsverträge am 5. Oktober 1990 die Einführung von Artikeln zu Bildung und Kultur in die EG-Verträge. Die von der Kultusministerkonferenz geforderte klärende Handlungsgrundlage ist durch die Beschlüsse von Maastricht geschaffen worden. Die EU wird wie in der Vergangenheit so auch in Zukunft im Bereich Bildung im Rahmen von Programmen zur Erreichung vorher klar definierter Ziele handeln, Fragen der Bildung werden aber ansonsten von den einzelnen Mitgliedstaaten selbst geregelt. Durch die Anwendung des Subsidiaritätsprinzips wird den Forderungen nach einer möglichst dezentralen, an der Vielfalt orientierten Bildungspolitik in Europa voll Rechnung getragen.

Die Union betrachtet es gerade als ihre Aufgabe, die kulturelle Vielfalt in Europa zu sichern. Auch hier wieder ein unstrittiger Konsens zwischen Mitgliedstaaten, Ministerrat, Europäischem Parlament und der Kommission und sicher auch den Ländern der Bundesrepublik Deutschland. Gerade bei der Vollendung des Binnenmarktes ist die Unterschiedlichkeit echter gewachsener Kulturräume und der in ihnen geltenden Rechtsverhältnisse zu berücksichtigen. Das ist die Pflicht einer europäischen Politik mit kultureller und bildungspolitischer Dimension.

4. Europäische Bildungspolitik nach Maastricht

Die Bildungspolitik gehörte nicht zu den Materien, die der bisherige EWG-Vertrag der Zuständigkeit der Gemeinschaft unterstellt hat. Die EG konnte dennoch auf Grundlage des bisherigen Artikel 128 handeln, der der Gemeinschaft die Befugnis verlieh, „allgemeine Grundsätze zur

Durchführung einer gemeinsamen Politik der Berufsausbildung" aufzustellen. Auf Grundlage dieser unbestimmten Formulierung beschloß der Rat Aktionsprogramme, die die Zusammenarbeit, den Austausch und Innovationen in der beruflichen Bildung beinhalteten. Seit Mitte der achtziger Jahre kam es zur Entwicklung von „Flaggschiff-Programmen" wie *Erasmus, Lingua* und *Comett* im Hochschulbereich oder *Petra* und *Force* im Bereich der beruflichen Bildung.

Die bisherige unklare und weit interpretierbare Rechtslage, die zu mehreren Prozessen vor dem Europäischen Gerichtshof (EuGH) geführt hat, machte eine Präzisierung erforderlich. Dies ist nun geschehen: die Bildung ist in den Tätigkeitskatalog des Artikels 3 aufgenommen und ein eigenes Bildungskapitel in den EWG-Vertrag eingefügt. Es faßt Bestimmungen zur allgemeinen Bildung im Artikel 126 und zur beruflichen Bildung im Artikel 127 zusammen. Damit werden die Gemeinschaftszuständigkeiten in diesen Bereichen auf eine klarere Rechtsgrundlage gestellt und sichergestellt, daß jegliches Handeln der Gemeinschaft im Bildungsbereich im Lichte des in Maastricht im Artikel 3b festgeschriebenen Subsidiaritätsprinzips betrachtet werden muß. Gleichzeitig werden die Bedeutung und der Rang der Bildung im europäischen Integrationsprozeß betont.

Die Europäische Union erhält im Artikel 126 des Vertrages erstmals ausdrückliche Kompetenzen im Bereich der allgemeinen Bildung. Auch die Hochschulen sind in Artikel 126 einbezogen. Jedoch bleibt die Verantwortung für Inhalt und Organisation des Bildungswesens auch weiterhin bei den Mitgliedstaaten, wie in Absatz 1 vertraglich festgelegt ist. Der Gemeinschaft ist nur eine Kompetenz zur Förderung, nicht aber zur Regelung übertragen.

Dabei kommt der Förderung der Mobilität eine besondere Bedeutung zu. Erstmals ist nun der Austauch von Schülern im Rahmen von EU-Programmen möglich. Auch für die Einführung neuer oder den Ausbau bestehender Jugendaustauschprogramme, wie „Jugend für Europa", gibt es jetzt eine klare Rechtsgrundlage.

Daneben besteht auch weiterhin die Befugnis der Gemeinschaft, nach Artikel 57 EWG-Vertrag Richtlinien zur Anerkennung von Diplomen und sonstigen Befähigungsnachweisen zur Erleichterung des Berufszugangs innerhalb der EU zu erlassen.

Mögliche Handlungsformen der Union im Rahmen von Artikel 126 sind Fördermaßnahmen und Empfehlungen. Der Begriff der Fördermaßnahmen ist vertraglich zwar nicht definiert; im Einklang mit der bisherigen

Praxis fallen hierunter Aktionsprogramme der Gemeinschaft wie *Erasmus*. Sie können mit qualifizierter Mehrheit beschlossen werden. Neben dem Wirtschafts- und Sozialausschuß ist der neugeschaffene Ausschuß der Regionen jeweils anzuhören.

Der neue Artikel 127 stellt inhaltlich eine Fortentwicklung des bisherigen Artikels 128 dar. Die Gemeinschaft darf im Bereich der beruflichen Bildung aktiv werden, jedoch nur dort, wo sie die Berufsbildungspolitik der einzelnen Mitgliedstaaten ergänzt und unterstützt.

Dazu gehören neben der Förderung von Mobilität, Zusammenarbeit und Informationsaustausch als weitere Aufgaben die Verbesserung der beruflichen Bildung zur Erleichterung der Eingliederung in den Arbeitsmarkt und die Anpassung an die industriellen Wandlungsprozesse durch berufliche Bildung und Umschulung. Diese letzte Aufgabe wurde auch ergänzend in die Zielsetzung des Europäischen Sozialfonds (Artikel 123) eingefügt, so daß sich mit den Leistungen dieses Fonds zusätzliche Fördermöglichkeiten ergeben werden.

Die Maßnahmen werden nach dem Verfahren der Zusammenarbeit vom Rat mit qualifizierter Mehrheit beschlossen. Durch Anhörung des Wirtschafts- und Sozialausschusses sind die Sozialpartner einbezogen. Das Beschlußverfahren sieht eine Anhörung des neuen Ausschusses der Region nicht vor; dieser kann jedoch aus eigener Initiative Stellungnahmen abgeben.

5. Die Bildungsprogramme

Die Europäische Union bietet heute eine Vielzahl von Fördermöglichkeiten an: Das Programm *Erasmus* soll die Mobilität von Studenten fördern. *Comett* unterstützt und vermittelt Partnerschaften zwischen Hochschulen und Unternehmen und verschafft Studenten Betriebspraktika in anderen Mitgliedstaaten. „Jugend für Europa“ hilft bei Jugenaustauschmaßnahmen für junge Leute zwischen 15 und 25, und *Lingua* soll die Sprachausbildung von Schülern und Studenten verbessern.

Bei der Vielfalt der Bildungsprogramme lassen sich dennoch eine Reihe von Grundprinzipien herausfiltern, die für die meisten Bildungsinitiativen der EG gelten:

- Möglichst viele Europäer sollen bereits als Lernende im Rahmen von Austauschmaßnahmen einen Teil ihrer Ausbildung im Ausland absolviert haben. Nur dann werden sie von den Chancen, die ihnen der Binnenmarkt bietet, profitieren können, nur dann werden sie den Mut finden, auch wirklich einen Job im Ausland zu suchen.

- Im Europa der Zukunft soll es keine Einheitssprache, sondern mehrsprachige Bürger geben. Deshalb setzt die EU-Kommission bei ihren Austauschprogrammen einen besonderen Akzent beim Fremdsprachenlernen.

- Durch den Austausch von Lehrern und Professoren sollen die Europäer die Ausbildungssysteme in den anderen Mitgliedstaaten besser kennenlernen. Kontakte sollen entstehen, die möglichst auch über die geförderte Einzelmaßnahme hinaus bestehen bleiben. Dies ist auch eine „vertrauensbildende Maßnahme“: Gerade bei denjenigen, die unterrichten, ist das Mißtrauen gegenüber ausländischen Bildungssystemen oft noch groß. Der Studienbesuch bei einem EU-Nachbarn soll die Zweifler überzeugen und ihnen klarmachen, daß sich der Weg ins Ausland für ihre Schüler und Studenten auf jeden Fall lohnt.

- Damit die Bürger vom Mobilitätsangebot des Binnenmarktes auch tatsächlich Gebrauch machen können, müssen die Berufsabschlüsse gegenseitig anerkannt werden, denn das theoretische Recht auf Freizügigkeit nützt den Europäern wenig, wenn sie den gelernten Beruf im Ausland nicht auch tatsächlich ohne große Hindernisse ausüben dürfen.

- Um die Antragswege bei den Bildungsprogrammen nicht unnötig zu komplizieren, gibt es in jedem EU-Mitgliedsland nationale Büros, die über die Bildungsprogramme informieren.

- Grundsätzlich werden die Fragen der Ausbildung auch im Binnenmarkt weiter von den einzelnen Mitgliedstaaten selbst geregelt. Die Bildungsprogramme sollen die nationalen Bildungsangebote nicht ersetzen, sondern ergänzen.Austausch wird von der Europäischen Gemeinschaft nicht etwa vorgeschrieben, sondern immer nur gefördert. Die Hilfen der EU sollen vor allem Anreize zum Austausch bieten. Sie treten ergänzend zu den nationalen Fördermaßnahmen hinzu, sollen diese aber niemals ersetzen. So kann ein Studienanfänger keine Hilfen von der EU erhalten, selbst wenn er sein Studium im Ausland aufnehmen will. Hier sind nationale Strukturen, etwa Bafög, zuständig. Erst nachdem er seine Ausbildung begonnen hat, setzen die Möglichkeiten der EU-Förderung ein.

6. Beispiel: Erasmus

Erasmus ist wahrscheinlich auch das erfolgreichste Programm der Gemeinschaft auf dem Bildungssektor. Ziel von *Erasmus* ist eine erhebliche Steigerung der Studentenmobilität innerhalb der Gemeinschaft. Angepeilt ist dabei eine Mobilitätsquote von 10 % der Studierenden. Ein hochgestecktes Ziel, wenn man weiß, daß im Studienjahr 1987/88 nur rund 1,3 % der Studenten einen Teil ihres Studiums in einem anderen EG-Mitgliedsland absolviert haben.

Auch im fünften Jahr nach Einführung des *Erasmus*-Programms ist die 10%-Marke noch nicht erreicht. Immerhin konnte der Deutsche Akademische Austauschdienst (DAAD), der das Programm *Erasmus* in der BRD betreut, neue Rekordzahlen melden:

Im Rahmen des Studentenaustausches haben im Hochschuljahr 1992/93 über 10500 deutsche Studenten einen Teil ihres Studiums an einer ausländischen Gasthochschule in Europa absolviert. Die beliebtesten Zielländer sind Großbritannien (28 Prozent), Frankreich (23,7 Prozent) und Spanien (9,5 Prozent).

In den Genuß des *Erasmus*-Austausches kann nicht einfach jeder Student kommen, es sind auch keine Einzelanträge möglich. Vielmehr muß seine Universität ein Hochschulkooperationsabkommen mit der Austauschuniversität im EU-Ausland geschlossen haben. In diesem Hochschulkooperationsabkommen garantieren sich beide Universitäten die Anerkennung der im Austauschjahr erbrachten Studienleistungen ihrer Austauschstudenten. So entsteht den Studenten trotz Studium im Ausland kein Zeitverlust.

Erst nach Abschluß eines solchen Hochschulkooperationsabkommens kann der Austausch beginnen. Die beteiligten Studenten werden dann auch in der Regel von der Universität selbst ausgewählt. Bei der Studienplatzwahl kann es deshalb durchaus interessant werden, welche Universität in welchen Fachbereichen solche Hochschulkooperationsabkommen geschlossen hat.

Ein *Erasmus*-Austausch bringt weitere Vorteile: Es gibt keine Probleme bei der Zulassung an der ausländischen Hochschule, und Studiengebühren dürfen nicht verlangt werden.

7. Bildung für Europa: Die europäische Dimension im Unterricht

Der Vertrag von Maastricht hat die alleinige Zuständigkeit der Mitgliedstaaten für die Strukturen der nationalen Bildungssysteme, aber auch für die in der allgemeinen Bildung behandelten Inhalte noch einmal bestätigt. Damit fällt den Mitgliedstaaten eine ganz besondere Verantwortung für die Vermittlung des Themas Europa in den Schulen zu. Gerade hier liegt vieles im Argen. Nicht einmal ein Zehntel der jungen Menschen in der Europäischen Union sind in der Lage, alle zwölf EU-Länder korrekt zu nennen. Das ergab eine 1992 im Auftrag der Kommission durchgeführte Umfrage. Dieses Ergebnis ist umso schwerwiegender, als alle in der Vergangenheit durchgeführten Umfragen deutlich zeigen, daß mit dem Wissen über Europa die Zustimmung zur Europäischen Integration steigt.

Die diffusen Vorstellungen zu Europa rufen bei vielen Jugendlichen Ängste wach, so eine Studie der Konrad-Stiftung zu den Stimmungen nach Maastricht, die im Januar 1992 durchgeführt wurde. Dies ist ein Beleg für die traurige Wahrheit, daß auf die Herausforderung „Europa im Unterricht" bisher in den Schulen der Gemeinschaft nur unzureichend reagiert wurde.

Der KMK-Beschluß „Europa im Unterricht" vom 8. Juni 1978 fordert bereits die europäische Dimension im Unterricht, von seiner Umsetzung ist allerdings bis heute wenig zu spüren. Es ist zu hoffen, daß der Zweite KMK-Beschluß, der ein Jahrzehnt später erfolgte, bis in die Schulen dringt. Denn gerade heute muß die Aufgabe der Schulen darin bestehen, die Ängste aufzugreifen und den Prozeß der Europäischen Integration faßbar zu machen. Kenntnisse der Geschichte und die Einbeziehung Europas in den Lehrplan sind die Voraussetzung der Entwicklung eines europäischen Bewußtseins. Ein erweiterter Fremdsprachenunterricht, die Behandlung des Themas Europa auch in den anderen Fächern sowie entsprechende Schulungen und der Austausch von Lehrern müssen verstärkt werden, damit die Schulen auch im Zeitalter des Binnenmarkts einen zeitgerechten Unterricht bieten können.

Praktische Aus- und Weiterbildung in der Europäischen Union am Beispiel des Saar-Lor-Lux-Raums

Von Gerd Weitzel

Bildung und Ausbildung der Jugend werden als die Grundlage eines Staates und einer Region angesehen. Daher kommt allen Fragen der Bildung und Erziehung eine besondere Bedeutung zu.

1. Bundesrepublik Deutschland / Saarland

Bundeseinheitliche Grundlage der Berufsbildung - damit auch für das Saarland - ist das Berufsbildungsgesetz von 1969, außerdem noch für den Wirtschaftsbereich Handwerk die Handwerksordnung in Verbindung mit dem vorgenannten Gesetz.

Die Kammern wie Handwerkskammer, Industrie- und Handelskammer, Landwirtschaftskammer, Kammern der freien Berufe sind als öffentlich-rechtliche Körperschaften nach dem Berufsbildungsgesetz „zuständige Stelle" für die Berufsbildung - das sind Aus- und Fortbildung sowie Umschulung - in der Wirtschaft zuständig.

Daneben gelten für die betriebliche Ausbildung weitere Bundesgesetze wie Jugendarbeitsschutzgesetz (Jugendschutz, Freistellung der Jugendlichen für den Berufsschulunterricht, tägliche und wöchentliche Arbeitszeit etc.), Betriebsverfassungsgesetz (Mitwirkung des Betriebsrates bei betrieblichen Bildungsmaßnahmen), Berufsbildungsförderung (Berufsbildungsstatistik, Aufgaben des Bundesinstituts für Berufsbildung und Hauptausschusses dieses Bundesinstituts in Berlin).

Ich werde auch auf die mehr schulische Berufsausbildung in Luxemburg und dem französischen Grenzraum sowie in der EU eingehen und versuchen, die Schwierigkeiten und Möglichkeiten zur Harmonisierung und Verbesserung im Saar-Lor-Lux-Raum und in der EU aufzuzeigen.

Die Berufsausbildung in der Bundesrepublik vermittelt

- eine breit angelegte Grundbildung,

- die für die Ausübung einer qualifizierten beruflichen Tätigkeit notwendigen fachlichen Fertigkeiten und Kenntnisse und

- die für die spätere Berufsausübung erforderliche Berufserfahrung. Das beinhaltet auch selbständiges Planen, Durchführen und Kontrollieren am Ausbildungs- und Arbeitsplatz.

Berufliche Bildungsgänge werden in den folgenden Einrichtungen durchgeführt

- Betrieb und Schule (sog. duales System) - zum ganz überwiegenden Teil,

- schulischem Berufsvorbereitungs- und Berufsgrundbildungsjahr,

- Berufsfachschule,

- Berufsaufbauschule, Fachoberschule, technisches Gymnasium,

- Fachschule.

Die Berufsausbildung in der bundesdeutschen und damit auch saarländischen Wirtschaft erfolgt an zwei Lernorten nach dem bereits erwähnten „dualen System". Das bedeutet: fachpraktische Ausbildung im Betrieb und allgemeine und fachtheoretische Unterrichtung in der Berufsschule. Dieses Ausbildungssystem genießt international einen guten Ruf.

Aufgrund der Spezialisierung der Betriebe sowie Technisierung der Ausbildungs- und Arbeitsplätze in immer schnellerem Wandel wird die breit angelegte fachpraktische Berufsausbildung vermehrt durch überbetriebliche Unterweisung in eigens dafür errichteten und nach neuesten technologischen Gesichtspunkten ausgestatteten Einrichtungen oder betrieblichen Lehrwerkstätten ergänzt.

Die überbetriebliche Lehrlingsunterweisung in überbetrieblichen Ausbildungsstätten erfolgt insbesondere im Handwerk, dem größten Ausbilder in der gewerblichen Wirtschaft. Das gilt aber auch in geringerem Umfang für die Industrie - in der jedoch nach wie vor überwiegend in betrieblichen Lehrwerkstätten ausgebildet wird - und zum Teil andere Wirtschaftsbereiche.

So betreibt beispielsweise der Arbeitgeberverband der Bauwirtschaft des Saarlandes bereits seit 55 Jahren eine „Lehrbaustelle" in Saarbrücken-Schafbrücke. Diese Lehrbaustelle war die erste im Saarland. Schon 1937 hatte man also die Notwendigkeit und Vorteile der überbetrieblichen Ausbildung erkannt. Heute werden in diesem „Ausbildungszentrum Bau Saar" an gleicher Stelle alle saarländischen Lehrlinge in den handwerklichen und industriellen Bauhauptberufen überbetrieblich unterwiesen. Daneben wird dort selbstverständlich auch Umschulung und Weiterbildung betrieben.

Im saarländischen Handwerk werden alle Lehrlinge in allen Berufen und Ausbildungsjahren durch Lehrgänge der Handwerkskammer und Innungen ergänzend zur betrieblichen Ausbildung überbetrieblich unterwiesen. Das bedeutet eine Spitzenposition in der Bundesrepublik Deutschland.

Die übertriebliche Unterweisung trägt wesentlich zu einer qualifizierten Berufsausbildung mit erweiterten verwertbaren Fertigkeiten und Kenntnissen im späteren Berufsleben und damit auch zur Mobilität der Arbeitnehmer im Saar-Lor-Lux-Raum und darüber hinaus bei.

Aufgrund des förderativen Staatswesens der Bundesrepublik Deutschland haben die Länder neben dem Bund eigene Kompetenzen. Das Schul- und damit auch Berufsschulwesen ist Angelegenheit der einzelnen Bundesländer. In der Bundesrepublik gibt es kein einheitliches Schulsystem. Die ständige Konferenz der Kultusminister der Länder (KMK) versucht, durch Empfehlungen und Vereinbarungen zur Vereinheitlichung des Bildungswesens beizutragen.

Für die Berufsschulen ist daher im Saarland der Minister für *Bildung* und *Sport* zuständig. Es bestehen Landesschulgesetze wie zum Beispiel Schulordnungs-, Schulpflicht- und Schulmitbestimmungsgesetz. Die Lehrlinge werden i.d.R. zu zwei Drittel im berufsfeld- bzw. berufsbezogenen Lernbereich (Technologie, technische Mathematik, technisches Zeichnen, Wirtschaftskunde) sowie zu einem Drittel im berufsfeld- bzw. berufübergreifenden Lernbereich (Religion, Deutsch, Sozialkunde, Sport) unterrichtet. Bei einem Teilzeitunterricht von 12 Stunden pro Woche sind das jeweils 8 bzw. 4 Unterrichtsstunden; bei einem wöchentlichen Blockunterricht dementsprechend 24 bzw. 12 Unterrichtsstunden.

In Deutschland gibt es - einschließlich der Berufe im Öffentlichen Dienst - 377 staatlich anerkannte Ausbildungsberufe. 1973 waren es noch 490. Die Berufe im Handwerk sind in der Handwerksordnung, in den übrigen Wirtschaftsbereichen durch Bundesrechtsverordnungen festgelegt.

In den Ausbildungsordnungen für die einzelnen Berufe - das sind Bundesrechtsverordnungen, die vom Bundeswirtschaftsminister im Einvernehmen mit dem Bundesbildungsminister erlassen werden - ist folgendes geregelt:

- Ausbildungsdauer - i. d. R. 3 bzw. 3 1/2 Jahre. In einigen wenigen Berufen aber auch 2 Jahre, z.B. Stufenausbildung Bau = Industrieberufe - Hochbau-, Ausbau- und Tiefbaufacharbeiter,

- Ausbildungsberufsbild - die zu vermittelnden Fertigkeiten und Kenntnisse,

- Ausbildungsrahmen- und Ausbildungsplan - sachliche und zeitliche Gliederung,

- Berichtsheftführung,

- Zwischenprüfungen,

- Prüfungsanforderungen in den Gesellen- oder Abschlußprüfungen,

- Inkrafttreten.

Sofern der betriebliche Ausbildungsrahmenplan und schulische Rahmenlehrplan auf Bundesebene miteinander abgestimmt sind - was z.T. geschieht und wünschenswert ist -, erfolgt die Drucklegung der Ausbildungsordnung zusammen mit dem schulischen Rahmenlehrplan.

Bundeseinheitliche Rahmenlehrpläne werden von der KMK beschlossen. Die sachlich und zeitlich gegliederten Ausbildungspläne werden auf Landes-, Regional- oder Kammerebene ebenfalls mit den schulischen Lehrplänen zwischen Wirtschaft und Berufsschule abgestimmt. Dabei kann es zu Schwierigkeiten kommen. Wenn - überhaupt, dann liegen hier die Schwachstellen im „Dualen Ausbildungssystem", ansonsten hat das System wegen der Verzahnung von Fachpraxis und Theorie an den beiden Lernorten viele Vorteile für insbesondere praktisch begabte und kreativ veranlagte junge Menschen (auch Motivation von schulmüden Jugendlichen durch Praxisbezug, Lernen von Verhaltensweisen, Persönlichkeitsbildung).

Im „überschaubaren Saarland" ist die Zusammenarbeit zwischen Wirtschaft und Berufsschule - auch im Prüfungswesen - gut. In einem Berufsausbildungsvertrag wird die ordnungsgemäße Durchführung der Berufsausbildung in einem bestimmten Beruf zwischen den Vertragspartnern Ausbildender und Lehrling vereinbart.

Der Vertrag muß den Bestimmungen des Berufsbildungsgesetzes entsprechen und enthält die gegenseitigen Rechte und Pflichten. Seine wesentlichen Inhalte müssen schriftlich festgelegt werden und vor Beginn, spätestens zu Beginn der Berufsausbildung der jeweils zuständigen Stelle (Kammer) zur Überprüfung und Eintragung eingereicht werden. Der Vertrag wird erst durch die Absiegelung der zuständigen Stelle wirksam.

Für die Aufnahme einer Berufsausbildung in der Bundesrepublik sind keine Zugangsvoraussetzungen vorgesehen bzw. erforderlich. Entscheidend sind allein Eignung und Neigung der Jugendlichen.

2. Einige Anmerkungen zum Lernort Betrieb

Art und Einrichtung

- Art und Einrichtung müssen zur Berufsausbildung geeignet sein,

- angemessenes Verhältnis der Zahl der Lehrlinge zur Zahl der Ausbildungsplätze und Fachkräfte,

- persönlich und fachlich (einschließlich berufs- und arbeitspädagogischer Kenntnisse) geeignete Ausbilder = Unternehmer oder Arbeitneh mer (Handwerk = ist der Ausbilder i. d. R. Handwerksmeister, / übrige Wirtschaft = Facharbeiter- oder Abschlußprüfung und Berufs- und arbeitspädagogische Eignungsprüfung).

Die Kammern beraten die Ausbildungsvertragspartner und überwachen die Berufsausbildung durch Ausbildungsberater, die überwiegend vor Ort tätig sind. Mit der Arbeitsverwaltung, die für die Vermittlung von Berufsausbildungsstellen zuständig ist, besteht eine enge und gute Zusammenarbeit.

3. Lernort Berufsschule

Der Lernort Berufsschule in der Bundesrepublik hat sich aus der Fortbildungsschule des 19. Jahrhunderts entwickelt. Es erfolgt Teilzeit- und Blockunterricht durch fachkundige Lehrer.

Lernstandsfeststellungen werden durch eine oder zwei Zwischenprüfungen während der Ausbildungszeit ermittelt.

4. Abschlußprüfung (Gesellen- oder Facharbeiterprüfung)

- Abnahme durch Prüfungsausschüsse der Kammern (Besonderheit im Handwerk = die Handwerkskammern können Handwerksinnungen zur Errichtung von Prüfungsausschüssen ermächtigen bzw. mit der Geschäftsführung von kammereigenen Prüfungsausschüssen beauftragen),

- zwei Prüfungsteile (Fertigkeits- und Kenntnisprüfung bzw. praktische und schriftliche Prüfung),

- die Prüfungsausschüsse sind - i. d. R. - paritätisch mit je einem Vertreter der Arbeitgeber und Arbeitnehmer sowie einem Lehrer einer berufsbildenden Schule besetzt (Mindestbesetzung).

Nach Bestehen der Abschlußprüfung ist der Lehrling Geselle, Facharbeiter bzw. Fachkraft und zur Aufnahme einer qualifizierten Berufstätigkeit befähigt.

Die Durchführung der Berufsausbildung im Handwerk stellt im Vergleich zu den beiden übrigen großen Wirtschaftsbereichen Industrie und Handel.

- Höhere Anforderungen an Ausbilder sowie Arbeitgeber- und Arbeitnehmermitglieder der Gesellenprüfungsausschüsse (Meisterprüfung in einem bestimmten Beruf/Facharbeiter bzw. Einzelhandelskaufmann mit berufs- und arbeitspädagogischen Kenntnissen).

- Darüber hinaus kann der Handwerksmeister i. d. R. nur in einem bestimmten Beruf, in dem er die Meisterprüfung abgelegt hat, ausbilden. In Industrie und Handel ist derjenige fachlich geeignet, der die Abschlußprüfung in einer dem Ausbildungsberuf entsprechenden Fachrichtung bestanden hat - Berufsgruppe.

Das trägt im Handwerk einerseits - abgesehen von der Markt-, Kunden- und Praxisnähe der ausbildenden Handwerksbetriebe - zu einer qualifizierten Berufsausbildung bei. Andererseits besteht hinsichtlich der Ausbildungsberechtigung zwangsläufig ein enger Spielraum.

Während das Berufsbildungsgesetz von 1969 erstmals und ausschließlich für die Berufsausbildung in Industrie und Handel bundeseinheitliche Regelungen und Anforderungen in der aufgeführten Form vorsah, blickt das Handwerk auf eine lange Tradition systematischer und qualifizierter Berufsausbildung mit hohen Ansprüchen und Anforderungen zurück. Die handwerkliche Berufsausbildung war nach dem 2. Weltkrieg bereits in der Handwerksordnung von 1953 geregelt. Heute gilt das Berufsbildungsgesetz in Verbindung mit dieser Handwerksordnung, die nach wie vor erhöhte Anforderungen an die Berufsausbildung im Handwerk vorsieht.

5. Finanzierung der Berufsausbildung

Die Kosten für die betriebliche Ausbildung (einschließlich Ausbildungssvergütungen, Materialien, Prüfungsgebühren für den Lehrling etc.) trägt der Ausbildungsbetrieb. Einige wenige Förderprogramme sehen die Gewährung von Bundes- und Landeszuschüssen, z.B. bei der Ausbildung von Lernschwachen bzw. Behinderten vor.

Auch zur überbetrieblichen Unterweisung der Lehrlinge in überbetrieblichen Einrichtungen bzw. betriebseigenen Lehrwerkstätten gewähren Bund und Land Zuschüsse.

Die Kosten trägt damit ganz überwiegend die Wirtschaft. Die Kosten für die berufsschulische Ausbildung werden von den Bundesländern getragen.

6. Ausbildungssituation Handwerk - Bund/Land

1993 befanden sich etwa 530.000 (früheres Bundesgebiet: 460.000) = 1988 rund 600.000 Jugendliche in einem Ausbildungsverhältnis im Handwerk. Während noch vor 10 Jahren jährlich ca. 240.000 neue Ausbildungsverhältnisse abgeschlossen wurden, ist diese Tendenz heute aufgrund der sinkenden Schulabgängerzahlen und des verstärkten Wettbewerbes der Ausbildungsplatzanbieter stark rückläufig. 1991 haben rund 130.000 Jugendliche eine Lehre im Handwerk begonnen, davon im alten Bundesgebiet knapp 120.000 (Halbierung).

Saarland: rund 7.500 Handwerkslehrlinge, davon über 2.700 Berufsanfänger (1991). Rückgang der Zahl der Schulabgänger aus den allgemeinbild. Schulen = rund 50 %; Rückgang der Zahl der Handwerkslehrlinge = ca. 40 %.

7. Blick über die Grenzen - Frankreich/Lothringen

Im traditionell zentral verwalteten Frankreich erfolgt die Berufsausbildung fast ausschließlich im staatlichen Schulwesen. Die meisten Erstausbildungsabschlüsse werden nach dreijährigem, ganztätigem Schulbesuch eines technischen Kollegs oder technologischen Instituts abgelegt.

Das sogenannte „certificat d'aptitude professionelle (C.A.P.)" ist ein praxisbezogenes Diplom, das auf die Ausübung von Tätigkeiten als „qualifizierter" Arbeiter / Angestellter abstellt.

Der andere Weg der Berufsausbildung ist die Lehre (l'apprentissage). Nach Ende der Schulpflicht kann der Jugendliche im Alter von 16 Jahren alternativ eine Berufsausbildung im dualen System aufnehmen. Danach erfolgt die Ausbildung zu drei Viertel im Betrieb und einem Viertel - zum Teil 50/50 - in den Lehrzentren/ Berufsschulen (centres de formation d'apprentis). Die C.F.A. sind überbetriebliche Ausbildungsstätten (Trägerbetriebe, Kammern, Gewerkschaften). Dort erfolgt eine allgemeinbildende und fachtheoretische Unterrichtung mit berufspraktischen Elementen.

Das Abschlußzeugnis „brevet de compagnon", das Gesellenprüfungszeugnis mit mehr Praxis, entspricht dem deutschen Gesellenprüfungszeugnis.

Die französische Ausbildung im dualen System ist durch Gesetz vom 16.7.1971 geregelt. Sie entspricht - es gibt rund 300 Ausbildungsberufe - etwa der in der Bundesrepublik. Ein entscheidender Unterschied besteht jedoch darin, daß der Ausbildungsablauf bis 1987 kaum geregelt und die betriebliche Ausbildung sehr stark vom Engagement der Betriebsinhaber und Ausbilder abhängig war.

Lehrlinge in unserem Sinne werden in Frankreich fast ausschließlich in Handwerksbetrieben ausgebildet.

Die Finanzierung wird durch eine Berufsausbildungsabgabe „Taxe d'apprentissage" geregelt. Die Lehrabschlußprüfung wird wiederum vom Staat nach den Regeln der C.A.P. durchgeführt.

Eine Ausnahme besteht für die Departementes Lothringen und Elsaß. Hier führen die Kammern die Lehrabschlußprüfungen durch.

Bildungspolitisch ist beabsichtigt, die traditionell stark frequentierte Ausbildung an den technischen Kollegs zugunsten der dualen Ausbildung abzubauen. Das ist seit Jahren ein Anliegen französischer Bildungspolitiker sowie der Wirtschaft, insbesondere des Handwerks.

In diese Richtung zielen neue Gesetze („Begriffsbestimmung der Lehrzeit: Erschließen neuer Befähigungsstufen"). Zunächst ist das vom 23.7.1987 zu nennen, welches das Gesetz vom 16.7.1971 ergänzt. In diesem Gesetz wird der Ausbildungsablauf (Ausbildungsvertrag mit gegenseitigen Rechten und Pflichten, Zuständigkeiten und Verantwortlichkeiten etc.) und die Überwachung der Berufsausbildung weitergehender als bisher geregelt und der fachpraktischen Berufsausbildung eine größere Bedeutung beigemessen.

Im neuesten Gesetz vom 17.7.1992 wird diese Entwicklung fortgeschrieben (Ausbildungsberechtigung ist auf den Betrieb abgestellt). Der „staatliche" Präfekt erteilt die Berechtigung, der staatliche „Arbeitsinspektor" überwacht die Ausbildung.

8. Luxemburg

Die Organisation der Berufsausbildung in Luxemburg wurde unter anderem erstmals und einheitlich mit Gesetz vom 21.5.1979 geregelt. Neben dem beruflich orientierten Sekundarschulwesen ist die klassische Lehre in der Wirtschaft die traditionelle Form der Berufsausbildung in Luxemburg.

In der historischen Entwicklung des luxemburgischen Bildungssystems haben sich zunächst einmal die Schulen wie etwa die Handwerkerschule Luxemburg und die Ackerbauschule Ettelbrück herausgebildet. Daher erfolgt auch heute noch am häufigsten die Berufsausbildung in schulischer Vollzeitform.

Das Unterrichtsministerium ist nicht nur für das gesamte Bildungswesen einschließlich des schulischen Teils der beruflichen Bildung, sondern auch für den betrieblichen Teil der Ausbildung zuständig (Ausnahme: die Krankenpflegeschulen unterstehen dem Gesundheitsministerium).

Nach dem vorgenannten Gesetz ist der Regierungskommissar für Berufsbildung für die Koordinierung der theoretischen und praktischen Ausbildungsprogramme, die Kontrolle der Berufsbildung und die Lehrabschlußprüfungen zuständig. Typisch für das Berufsbildungssystem ist eine enge, gesetzlich geregelte Zusammenarbeit zwischen Regierung bzw. Regierungskommissariat für Berufsbildung mit den Berufskammern wie Handwerks- und Handelskammer als Arbeitgeberorganisationen sowie Privatbeamtenkammer und Arbeitskammer als Arbeitnehmerorganisationen.

Das vielfältige Angebot der technisch ausgerichteten Sekundarstufe erklärt den geringen Anteil der Ausbildung im dualen System. Etwa 20 % der in der Ausbildung befindlichen Jugendlichen sind Lehrlinge. Eine Besonderheit stellt das Angebot für schwächere Lehrlinge dar, einen Befähigungsnachweis nur im praktischen Bereich zu erwerben.

Wenn auch der Anteil der schulischen Ausbildung relativ hoch ist, so ist Leistungsfähigkeit auch im Vergleich mit dem deutschen dualen System doch gegeben.

Die Berufsausbildung im Saar-Lor-Lux-Raum kann - wie ich ausgeführt habe - Modell für Annäherung und Zusammenarbeit in der beruflichen Ausbildung, nicht jedoch für ein einheitliches möglicherweise „Duales Ausbildungssystem“ in der Europäischen Union sein.

Bei uns ist die handwerkliche Berufsbildung sehr stark formal organisiert. In einer Reihe von EU-Ländern fehlt es an schul- und ausbildungsrechtlichen, arbeitsrechtlichen und finanziellen Regelungen, und es hat den Anschein, als werde über Aus- und Weiterbildung weniger nachgedacht - sie wird einfach - wenn auch nicht in dem Umfang wie in Deutschland - gemacht.

An dieser Stelle möchte ich dem mißverständlichen Eindruck vorbeugen, daß andere Ausbildungssysteme als das unsrige schlecht sind und daß das deutsche duale System in seiner bestehenden Konzeption und Realisation flächendeckend exportiert werden sollte.

Zum einen birgt der Weg von der Idee bis zur Umsetzung in sich Probleme, und zum anderen ist jedes Berufsbildungssystem von traditionellen und von aktuellen gesellschaftlichen Rahmenbedingungen geprägt. Die Vorstellungen von der Rolle und Funktion eines Handwerkers und - falls es ihn als solchen geben sollte - des Handwerksmeisters ist historisch bestimmt und kulturell geprägt. Ein entsprechender Vergleich und die Erarbeitung möglicher Annäherungen erfordern demgemäß nicht nur die Sammlung von Fakten, sondern auch kulturelles Einfühlungsvermögen und Toleranz. Ein erster Ansatz sind der Erfahrungsaustausch und die Bereitschaft, sich selbst in Frage zu stellen und über Revisionen nachzudenken.

Kurze Hinweise auf Ausbildungsgänge in Belgien, Irland, Italien, in den Niederlanden und in Großbritannien:

Vor diesem Hintergrund erhalten Bildung und Ausbildung in Europa eine noch größere Bedeutung.

Der Europäische Binnenmarkt vernetzt Produktions- und Dienstleistungssektoren. Technologische Entwicklungen beschleunigen diesen Prozeß ohne nationale Schranken. Die grenzüberschreitende Zusammenarbeit setzt anspruchsvolle Qualifikationsniveaus auf allen Ebenen voraus. Dies gilt nicht nur für die Europäische Union, sondern unter den veränderten politischen und wirtschaftlichen Gegebenheiten auch für Kooperationen mit mittel- und osteuropäischen Nachbarn.

Nationale Bildungsstrukturen, -konzepte und -abschlüsse werden im Zuge dieser Entwicklung beeinflußt. Ein einheitliches und zentrales, schulisches und berufliches Bildungssystem kann es jedoch in Europa ebensowenig geben wie eine Politik der Abschottung, denn wirtschaftliche Leistungsfähigkeit und Bildungswesen sind in jedem Einzelstaat eng miteinander verknüpft und von Besonderheiten geprägt. Das bedeutet Vielfalt in der Einheit.

Ein einheitliches berufliches Ausbildungsmodell „Europa“ wird es daher nicht geben. Ähnliche Probleme wie Nachwuchssorgen, Übernahme neuer Technologien etc. führen jedoch zu Annäherungen, die verschulten Lehren werden mehr in den Betrieb gerückt, also in Richtung „Duales Ausbildungssystem“.

9. Gegenseitige Anerkennung von Prüfungszeugnissen

Die EU-Staaten und damit auch die Bundesrepublik, Frankreich und Luxemburg haben bei gegenseitiger Anerkennung von Berufsausbildungsabschlüssen sehr große Schwierigkeiten. Das galt bereits für die EWG der 6; die Aufgabe für die heutigen 12 Mitgliedsstaaten ist noch schwieriger geworden, da die Bildungssysteme und Anforderungen an die Berufsausbildung - trotz aller Annäherungen - doch sehr unterschiedlich sind.

Der Versuch der gegenseitigen Anerkennung kann heute als nicht realisierbar angesehen werden.

So besteht auch zwischen der BRD und Luxemburg kein zwischenstaatlicher Vertrag über die Gleichstellung deutscher und luxemburgischer Prüfungszeugnisse im Bereich der Berufsausbildung.

In unserem Nachbarland Luxemburg läßt die Leistungsfähigkeit der Ausgebildeten einen Vergleich mit dem deutschen Gesellen oder Facharbeiter durchaus zu. Daher gibt es in unserem Grenzraum auf pragmatische Weise auch ohne rechtliche Absicherung keinerlei Schwierigkeiten. So werden Fachkräfte und Arbeitnehmer diesseits und jenseits der saarländisch-luxemburgischen Grenze in der Wirtschaft gut aufgenommen. Sie bewähren sich i. d. R. an ihrem Arbeitsplatz.

Hier ist ohne formelle Gleichstellung ausschließlich die Qualifikation entscheidend.

Hinzu kommt noch, daß relativ wenige Luxemburger - hoher Anteil von ausländischen Arbeitnehmern und Fachkräften - im Saarland arbeiten. Umgekehrt ist dies häufiger der Fall (V & B, Mettlach).

Dagegen sind durch Rechtsverordnungen die Ausbildungsabschlußzeugnisse in nur 23 Berufen (12 Handwerks- und 11 IHK-Berufe) in Deutschland und Frankreich wie z.B. Kraftfahrzeugmechaniker, Maurer, Friseur, Tischler, Bäcker und Konditor gleichgestellt.

10. Kleiner Grenzverkehr

Seit eh und je werden jedoch im Saar-Lor-Raum junge Saarländer in Lothringen und junge Lothringer im Saarland - das kommt häufiger vor - voll ausgebildet (Landessprache). Zwischen den saarländischen und lothringischen Handwerks- sowie Industrie- und Handelskammern in Metz und Saarbrücken besteht darüber hinaus eine weitere unbürokratische Zusammenarbeit. So können junge Franzosen, die im Saarland ausgebildet werden, die Berufsschule in Lothringen (Sprachschwierigkeiten) besuchen. Die Kammer bestätigt lediglich die Registrierung des entsprechenden Berufsausbildungsvertrages; die Freigabe zum Berufsschulbesuch in Frankreich erfolgt ebenfalls ganz pragmatisch durch das saarländische Bildungsministerium.

Die Gesellen- oder Abschlußprüfung kann sowohl diesseits als auch jenseits der Grenze insgesamt oder teilweise (2 Prüfungshauptteile) abgelegt werden. Sofern ein junger Franzose also den praktischen Prüfungsteil in Saarbrücken und den fachtheoretischen Prüfungsteil in Metz ablegt, wird auf Wunsch die in Lothringen abgelegte fachtheoretische Prüfung im Saarland als Kenntnisprüfungsteil anerkannt. Der Prüfling erhält das deutsche Gesellen- bzw. Abschlußprüfungszeugnis.

Das ist im umgekehrten Fall auch für junge Deutsche aus dem Saarland, die in Frankreich ausgebildet werden, möglich.

Nach meinen Feststellungen sind es jedoch überwiegend junge Lothringer, die von dieser Möglichkeit Gebrauch machen. Wenn sie nicht die volle Berufsausbildung im Saarland durchlaufen, erfolgt am häufigsten die fachpraktische Ausbildung in einem saarländischen Betrieb und die allgemeine und fachtheoretische Unterrichtung in der Berufsschule in Lothringen.

Nachdem - wie bereits ausgeführt - die Bemühungen der Kommission gescheitert sind, zur Förderung der Freizügigkeit der Arbeitnehmer in der EU die beruflichen Prüfungszeugnisse gegenseitig gleichzustellen, hat der Rat der Europäischen Union beschlossen, dieses Ziel durch die Feststellung sogenannter „Entsprechungen“ zu unterstützen bzw. zu erreichen. Bei dem sogenannten Entsprechungsverfahren handelt es sich um die Auflistung derjenigen praktischen beruflichen Anforderungen, die - bezogen auf einen bestimmten Beruf bzw. eine bestimmte Berufstätigkeit - in allen Mitgliedsstaaten der Gemeinschaft in der Berufspraxis verlangt werden. Es geht hier mit anderen Worten um die Erstellung eines „EU-Berufsbildes“, in dem die berufspraktischen Anforderungen beschrieben sind, die in allen EU-Mitgliedsstaaten gleichermaßen Voraussetzung für die Ausübung einer bestimmten Berufstätigkeit sind. Dieser „Berufsbeschreibung“ werden dann die nationalen Berufsbefähigungsnachweise (Prüfungszeugnisse) zugeordnet, die belegen, daß entsprechende praktische Berufsanforderungen abgeprüft worden sind.

Aufgrund dieser (von nationalen Sachverständigen vorgenommenen) Ausarbeitungen wird damit festgestellt, daß der Inhaber eines dort aufgeführten Zeugnisses in einer Prüfung nachgewiesen hat, daß er die im „EU-Berufsbild“ beschriebenen praktischen Berufsanforderungen beherrscht. Hierzu liegen inzwischen beispielsweise Ausarbeitungen für die Berufe des Kraftfahrzeug-, Hotel- und Baugewerbes sowie der Bereiche Elektrizität, Textilien und Bekleidung vor. Es ist schwierig und zeitaufwendig, durch solch ein Entsprechungsverfahren, das keine gegenseitige Anerkennung der Berufsbildungsabschlüsse darstellt, wesentlich zur Freizügigkeit der Arbeitnehmer in der EU beizutragen.

Das geht auch aus dem Memorandum der Kommission über „die Berufsausbildungspolitik der Gemeinschaft für die 90er Jahre“ hervor. Gemeint ist allerdings die „Berufsbildungspolitik“.

Letztendlich sind eine qualifizierte Berufsausbildung und bestandene Gesellen- oder Abschlußprüfung nach wie vor die besten Grundlagen für gute Beschäftigungs- und Weiterbildungsmöglichkeiten und bieten gleichzeitig den besten Schutz vor Arbeitslosigkeit.

Das Lernen von Fremdsprachen in der EU

Von Lothar Jung

1. Grundsätzliches

Vor mehr als zehn Jahren schon begann man vereinzelt, sich mit der als notwendig erachteten Neuordnung des Fremdsprachenunterrichts in Europa zu beschäftigen (vgl. *Zapp* 1979; *Christ* 1980), doch erst etwa seit etwa fünf bis sechs Jahren kann man die verstärkte Beschäftigung um die Intensivierung des Fremdsprachenunterrichts in Ausbildung, Fort- und Weiterbildung beobachten (etwa mit dem Ende des Berliner FMF-Kongresses 1988, vgl. *Seiser*) Sie erfolgte mit dem Hinweis auf die bevorstehende Öffnung des Europäischen Binnenmarktes mit Ablauf des Jahres 1992; dabei wird auf den enormen und schlagartig anwachsenden Bedarf an innereuropäischer Kommunikationskompetenz in Wirtschaft, Wissenschaft, Administration und Kultur hingewiesen, der auf allen Ebenen (Staat, Länder, Regionen und Kommunen) zu erwarten ist (vgl. *Späth; Haarder*), ebenso auf die Entwicklung von „dauerhaften Kontakten zwischen Bürgern verschiedener Länder“ (NM 4,90, S.208; vgl. ähnlich *Haarder*) und auf die Erweiterung der beruflichen Möglichkeiten sowohl für Deutsche, die sich innerhalb der Gemeinschaft niederlassen können - wenn sie es wollen - als auch für andere Europäer, die sich gleichermaßen in einem anderen Land der Gemeinschaft, also auch bei uns niederlassen und ihre beruflichen Chancen nutzen können (vgl. *Raasch*). Daraus ergeben sich einerseits die Forderung nach Vermehrung der Sprachkenntnisse („Mehrsprachigkeit“) und andererseits aber auch die Forderung nach Aneignung und Vermehrung des Hintergrundwissens in Politik, Verwaltung, Wirtschaft, Ländern und Regionen, Einblicke in Lebensbereiche und -haltungen wie Beruf, Familie, Kultur, Öffentliches Leben usw. und den damit verbundenen spezifischen Sprechsituationen, -anlässen und -absichten.

Es kann und muß allerdings erstaunen, daß man sich erst jüngst auf die Rolle des Fremdsprachenunterrichts und seiner europäischen Dimension besinnt, denn schon aus dem *Vertrag zur Gründung der Europäischen Wirtschaftsgemeinschaft vom 25.März 1957* (BGBl II, S.766) hätte man dieses zwingende Bedürfnis wesentlich früher ableiten können (etwa aus den Artikeln 3c: Beseitigung der Hindernisse für den freien Dienstleistungs- und Kapitalverkehr zwischen den Mitgliedsstaaten, 8a: Verwirklichung des Binnenmarktes, 48: Freizügigkeit der Arbeitnehmer, 50: Austausch junger Arbeitskräfte, 57: Richtlinien zur gegenseitigen Anerkennung von Diplomen, Zeugnissen usw., 59: Freier Dienstleistungsverkehr, 60: Dienstleistungen). Natürlich ließe sich als Gegenargument anführen, daß erst jetzt im Vertrag über die Europäische Union (Bulletin Nr.16 vom 12. Februar 1992, hg. vom Presse- und Informationsamt der Bundesregierung) besonders Artikel 126 und 127 Konkretes über allgemeine und berufliche Bildung der Jugend enthalten ist; in Verbindung damit ist auch Artikel 128, Kultur, zu sehen.

Kapitel 3

Allgemeine und berufliche Bildung und Jugend

Artikel 126

(1) Die Gemeinschaft trägt zur Entwicklung einer qualitativ hochstehenden Bildung dadurch bei, daß sie die Zusammenarbeit zwischen den Mitgliedstaaten fördert und die Tätigkeit der Mitgliedstaaten unter strikter Beachtung der Verantwortung der Mitgliedstaaten für die Lehrinhalte und die Gestaltung des Bildungssystems sowie der Vielfalt ihrer Kulturen und Sprachen erforderlichenfalls unterstützt und ergänzt.

(2) Die Tätigkeit der Gemeinschaft hat folgende Ziele:
- Entwicklung der europäischen Dimension im Bildungswesen, insbesondere durch Erlernen und Verbreitung der Sprache der Mitgliedstaaten;
- Förderung der Mobilität von Lernenden und Lehrenden, auch durch die Förderung der akademischen Anerkennung der Diplome und Studienzeiten;
- Förderung der Zusammenarbeit zwischen den Bildungseinrichtungen;
- Ausbau des Informations- und Erfahrungsaustausches über gemeinsame Probleme im Rahmen der Bildungssysteme der Mitgliedstaaten;
- Förderung des Ausbaus des Jugendaustausches und des Austausches sozialpädagogischer Betreuer;
- Förderung der Entwicklung der Fernlehre.

(3) Die Gemeinschaft und die Mitgliedstaaten fördern die Zusammenarbeit mit dritten Ländern und den für den Bildungsbereich zuständigen internationalen Organisationen, insbesondere dem Europarat.

(4) Als Beitrag zur Verwirklichung der Ziele dieses Artikels erläßt der Rat
- gemäß dem Verfahren des Artikels 189b und nach Anhörung des Wirt-

schafts- und Sozialausschusses und des Ausschusses der Regionen Fördermaßnahmen unter Ausschluß jegliche Harmonisierung der Rechts- und und Verwaltungsvorschriften der Mitgliedstaaten;
- mit qualifizierter Mehrheit auf Vorschlag der Kommission Empfehlungen.

Artikel 127

(1) Die Gemeinschaft führt eine Politik der beruflichen Bildung, welche die Maßnahmen der Mitgliedstaaten unter strikter Beachtung der Verantwortung der Mitgliedstaaten für Inhalt und Gestaltung der beruflichen Bildung unterstützt und ergänzt.

(2) Die Tätigkeit der Gemeinschaft hat folgende Ziele:
- Erleichterung der Anpassung an die industrielle Wandlungsprozesse, insbesondere durch berufliche Bildung und Umschulung;
- Verbesserung der beruflichen Erstausbildung und Weiterbildung zur Erleichterung der beruflichen Eingliederung und Wiedereingliederung in den Arbeitsmarkt;
- Erleichterung der Aufnahme einer beruflichen Bildung sowie Förderung der Mobilität der Ausbilder und der in beruflicher Bildung befindlichen Personen, insbesondere der Jugendlichen;
- Förderung der Zusammenarbeit in Fragen der beruflichen Bildung zwischen Unterrichtsanstalten und Unternehmen;
- Ausbau des Informations- und Erfahrungsaustausches über gemeinsame Probleme im Rahmen der Berufsbildungssysteme der Mitgliedstaaten.

(3) Die Gemeinschaft und die Mitgliedstaaten fördern die Zusammenarbeit mit dritten Ländern und den für die berufliche Bildung zuständigen internationalen Organisationen.

(4) Der Rat erläßt gemäß dem Verfahren des Artikels 189c und nach Anhörung des Wirtschafts- und Sozialausschusses Maßnahmen, die zur Verwirklichung der Ziele dieses Artikels beitragen, unter Ausschluß jeglicher Harmonisierung der Rechts- und Verwaltungsvorschriften der Mitgliedstaaten.
37. Folgender Wortlaut wird eingefügt:

„Titel LX
Kultur

Artikel 128

(1) Die Gemeinschaft leistet einen Beitrag zur Entfaltung der Kulturen der Mitgliestaaten unter Wahrung ihrer nationalen und regionalen Vielfalt sowie gleichzeitiger Hervorhebung des gemeinsamen kulturellen Erbes.

(2) Die Gemeinschaft fördert durch ihre Tätigkeit die Zusammenarbeit zwischen den Mitgliedstaaten und unterstützt und ergänzt erforderlichenfalls deren Tätigkeit in folgenden Bereichen:
- Verbesserung der Kenntnis und Verbreitung der Kultur und Geschichte der europäischen Völker;
- Erhaltung und Schutz des kulturellen Erbes vom europäischer Bedeutung;
- nichtkommerzieller Kulturaustausch;
- künstlerisches und literarisches Schaffen, einschließlich im audiovisuellen Bereich.

(3) Die Gemeinschaft und die Mitgliedsstaaten fördern die Zusammenarbeit mit dritten Ländern und den für den Kulturbereich zuständigen internationalen Organisationen, insbesondere mit dem Europarat.

(4) Die Gemeinschaft trägt den kulturellen Aspekten bei ihrer Tätigkeit aufgrund anderer Bestimmungen dieses Vertrags Rechnung.

(5) Als Beitrag zur Verwirklichung der Ziele dieses Artikels erläßt der Rat
- gemäß dem Verfahren des Artikels 189b und nach Anhörung des Ausschusses der Regionen Fördermaßnahmen unter Ausschluß jeglicher Harmonisierung der Rechts- und Verwaltungsvorschriften der Mitgliedstaaten. Der Rat beschließt im Rahmen des Verfahrens des Artikels 189b einstimmig;
- einstimmig auf Vorschlag der Kommission Empfehlungen."

Als kleiner Exkurs sei hier die Frage eingeschoben, ob und wieweit überhaupt man dabei auch an die Sprachen der osteuropäischen Länder gedacht hat, die ja vorerst nicht in die Mitgliedschaft einbezogen sind, die aber aufgrund der historischen Entwicklung (nicht nur der jüngsten Zeit) - wie leider allzuoft in der Vergangenheit geschehen - nicht vernachlässigt werden dürfen, wenn eine Beschränkung auf „Klein(west)europa" vermieden werden sollte.

Zurück zur EU und ihrer derzeitigen realen Sprachenpolitik. Die Union hat z.Zt. zwölf Mitgliedsstaaten mit neun formell gleichberechtigten Amtssprachen, nämlich Dänisch, Deutsch, Englisch, Französisch, Griechisch, Italienisch, Niederländisch, Portugiesisch und Spanisch (siehe *Vielau*, S. 21), die jeweils durch ein Heer von Übersetzern hin- und herübersetzt werden müssen, was einen enormen Aufwand an Zeit und Kosten verursacht. Wenn auch offizielle Gleichberechtigung von Sprachen und Kulturen herrscht und jedes Land diesen Status zu erhalten sucht, so gibt es trotz aller Programme zur Sprachenförderung (etwa *Lingua*) UND dem Bestreben, minimale Lernziele und Anforderungen an die (europäische) Sprachkompetenz durch eine Schwellenstufe (Threshold level, Niveau

Seuil, Schwellenstufe) als allgemein verbindliche Grundlage für eine Mehrsprachigkeit anzusetzen, die im Alltagsleben vorerst kaum realisierbar ist, die mehr oder weniger heimliche Bevorzugung des Gebrauchs zweier Sprachen: Englisch und Französisch. Seit neuerer Zeit kommt noch Spanisch hinzu, so daß sich Befürchtungen mehren, Deutsch könne mehr und mehr zurückgedrängt werden (vgl. dazu *Witte; Vielau* S. 22; it Münch; Fernsehsendung der ARD vom Sonntag 8.11.92, 22.35 Uhr: Deutsch im neuen Europa. Die Zukunft unserer Sprache).

Eines der größten Ärgernisse ist zudem für alle anderen gleichberechtigten Mitglieder der Sprachgebrauch in der Brüsseler Verwaltung, die Englisch als internationale Verhandlungssprache und Französisch als eine der in Brüssel gesprochenen Nationalsprachen einseitig als Amtssprachen begünstigt. Dies hat u.a. zur Folge, daß etwa Ausschreibungen der Europäischen Kommission entgegen den Abmachungen zunächst in diesen beiden Sprachen erfolgen und von den interessierten Firmen erst übesetzt werden müssen, was einerseits dort zu Wettbewerbsverzerrungen führt, wo kein Übersetzerdienst vorhanden ist, andererseits auch häufig die fristgerechte Beteiligung von Firmen aufgrund des notwendigen Zeitaufwandes verzögert oder gar unmöglich macht (vgl. *Zapp* 1990, S. 72). Bitten und Wünsche etwa in der Richtung, Deutsch möge in Zukunft neben Englisch und Französisch als gleichberechtigt im vereinten Europa stehen - so Kohl in seinem mit einleuchtenden und gewichtigten Gründen versehenen Brief an den Präsidenten der Kommission Jacques Delors - lösten heftige abweisende Kommentare in der ausländischen Presse aus (vgl. hierzu *Baader*).

Vor diesem Hintergrund ist vorerst noch die Mehrsprachigkeit in Europa eine Fiktion, auch wenn man immer wieder gern auf das durchaus positive Beispiel Luxemburgs verweist, das die europäische Mehrsprachigkeit im Alltag vorlebt (vgl. dazu *Picht*, S. 350 und *Thomae*, S.4). Hier werden Französisch und Deutsch bereits in den Grundschulen unterrichtet, was etwa auch für bestimmte Gebiete Belgiens gilt. Hinzu kommt in Luxemburg die traditionell hohe Zuwanderung aus Portugal, so daß man eigentlich Portugiesisch noch hinzurechnen müßte als weitere Sprache. Diese luxemburgische Mehrsprachigkeit kann zwar als beispielhaft angesehen werden, doch sollte man daran denken, daß sie andere Gründe als den Zusammenschluß Europas und sie sich zudem über einen langen Zeitraum hin entwickelt hat.

Auch in anderen Ländern Europas versucht man, der Forderung nach Mehrsprachigkeit gerecht zu werden, so etwa in Italien, wo man zu dem an weiterführenden Schulen vorhandenen Fremdsprachenunterricht ab 1990/91 von der dritten Klasse der scuola elementare an den Fremdsprachenunterricht einführt, meist Englisch, in Grenzregionen Französisch und Deutsch (*Thomae* S.5). Allerdings wird der Unterricht stark behindert durch das Fehlen der für den Fremdsprachenunterricht kompetenten Lehrerinnen und Lehrer: weniger als 10% der Elementarschullehrer und -innen sehen sich selbst als dafür kompetent an (vgl. dazu *Auszug* S.7).

Auch in anderen Ländern Europas (Dänemark, Schweden, Ungarn) ist der Frühbeginn des FU zu registrieren, wohingegen in der Bundesrepublik nur Versuche dieser Art existieren; in Rheinland-Pfalz wird an etwa 8% der Grundschulen ab der dritten Klasse, in Baden-Württemberg im grenznahen Bereich des Oberschulamtes Freiburg Französischunterricht erteilt. Im Saarland wird ab 1991 flächendeckend ab der dritten Klasse Französisch eingeführt, in anderen Bundesländern gibt es mehr oder weniger zaghafte Versuche, so mit Englisch in Nordrhein-Westfalen und Hessen (nach *Thomae*, S.5. und *Seiser*, S.144), ganz abgesehen von den osteuropäischen Sprachen, die weitgehend vernachlässigt und nur vereinzelt als Wahlfächer angeboten werden.

Woran liegt das? Einmal ist es wohl der Mangel an Geldern, der sowohl die Einstellung qualifizierter Lehrender verhindert als auch Aus- sowie Weiter- und Fortbildung entsprechender Lehrender. Zum anderen kann vielleicht die Vorstellung dahinterstehen, es sei ja mit dem jetzt bestehenden Angebot im Fremdsprachenunterricht in den weiterfühenden Schulen schon genug getan. Eine Frage drängt sich zudem zusätzlich auf: Mangelt es möglicherweise nicht etwa auch am Willen zur Innovation - und zwar nicht nur auf Seiten der (föderalistischen) Kultusbürokratie, die noch immer vor der Einführung eines flächendeckenden Fremdsprachenunterrichts in den Grundschulen zurückzuscheuen scheint (*Bliesener* 1989 S.210), sondern auch auf Seiten der Lehrenden/zukünftigen Lehrenden, die in vieler Hinsicht umdenken müßten?

2. Ziel: Mehrsprachigkeit

Fremdsprachenunterricht in der EU für die EU hat Mehrsprachigkeit zum Ziel. Es sollte vielleicht zuerst einmal der Versuch unternommen werden, zu klären, was denn unter Mehrsprachigkeit zu verstehen ist, ehe man über die Konsequenzen spricht.

Nach den Vorschlägen für Vorhaben der Bildungs- und Kulturpolitik, die die KMK am 4.12.1987 machte, heißt es, „Ziel sollte es sein, nach Möglichkeit einer großen Zahl von Schülern vor Ende der Schulpflicht den Erwerb praktischer Kenntnisse in zwei Fremdsprachen zu vermitteln" (bei *Bliesener* 1989, S.209).

Dies bedeutet zweierlei: erstens ist daraus zu entnehmen, daß es sich bei diesen zwei Fremdsprachen nicht allein um Englisch und Französisch handeln kann, sondern daß „sich verstärkt der Bedarf in anderen Fremdsprachen melden wird" (*Bliesener* 1989 S.210). Es sollten aber diese lebenden Fremdsprachen „vorzugsweise [aber nicht nur] Gemeinschaftssprachen" sein (*Bliesener* 1989 S.210, ähnlich *Freudenstein* 1991, S.411 und *Zapp* 1979 S.24ff.).

Zweitens: wenn diese Vermittlung vor Ende der Schulpflicht erfolgen soll, so hat man dabei doch wohl einen Frühbeginn des Fremdsprachenunterrichts vor Augen. Unklar bleibt allerdings, wann er einsetzen soll.

Weiterhin muß festgehalten werden, daß die Kommission im *Lingua*-Sprachprogramm die grundsätzliche Forderung aufgestellt hat, daß demnächst jeder Schüler in der EU zumindest Grundkenntnisse in zwei EU-Fremdsprachen erwerben soll (vgl. *Thomae*, S.4) - zwei Fremdsprachen zusätzlich zur Muttersprache wird also als das Minimum angesehen. Zwei Sprachen - welche sollen es sein? Bezieht man sich nur auf Englisch und Französisch? Aus der Gleichberechtigung der Sprachen ergibt sich von selbst die Antwort: alle Unionssprachen sollten zur Wahl stehen, sowohl als erste Fremdsprache („Eingangssprache" - NM 4,90, S.209) als auch als weitere.

Außer dem oben schon erwähnten Beispiel Luxemburgs, wo neben der Muttersprache grundsätzlich sogar mindestens drei weitere Fremdsprachen gelernt werden, erfüllt wohl kein anderes Land der Union bislang diese Forderung.

Dies ist die eine Seite des Begriffs Mehrsprachigkeit; die andere ist die damit verbundene und geforderte Sprachkompetenz. Legt man von daher Mehrsprachigkeit so aus, daß in jeder dieser zu erlernenden Sprachen eine gleichhohe Sprachkompetenz erworben (und vielleicht auch nachgewiesen) werden muß, dürfte dies eine (ideale) Forderung sein, die aber an allen Realitäten vorbeigehen dürfte.

Mehrsprachigkeit sollte also wohl bedeuten, aufbauend auf der Kenntnis der Muttersprache Kenntnisse in zwei (oder mehreren) weiteren Sprachen zu besitzen, die es ermöglichen, in realen Situtionen in gleichen oder (individuell bedingten) unterschiedlichen Diskursbereichen Kontakte in gesprochener und/oder geschriebener Sprache aufzunehmen oder gar - in von persönlichen Interessen begrenztem Rahmen - an Fachgesprächen teilzunehmen.

Dabei sollten diese Kenntnisse derart sein, daß sie eine Erweiterung der Sprachkompetenz in der jeweiligen Sprache möglich machen und zudem das Erlernen weiterer Fremdsprachen begünstigen. Natürlich sind Erwerb und Ausbau dieser Mehrsprachigkeit dem Alter und der Lernstufe der Lernenden angepaßt zu sehen, da für Kinder (etwa im Vorschulalter) die Erstsprache andere Funktionen hat als für Kinder/Jugendliche im Grundschul-, Realschul- oder Gymnasialalter oder als für Studierende bzw. als für bereits im Berufsleben stehende Erwachsene, woraus sich ja auch höchst unterschiedliche didaktisch-methodische Vorgehensweisen ergeben.

3. Frühbeginn und Organisation des FU

Einem Frühbeginn, ja auch einer Vorverlegung des Fremdsprachenunterrichts in das Vorschulzeitalter bzw. in die frühen Grundschuljahre, wie das gefordert wird (*Thomae*,S. ff.), kann wohl zugestimmt werden. Es sollten dabei durchaus aber die gängigen pädagogisch-psychologischen Begründungen, also etwa der Hinweis auf die besondere Disposition zum Spracherwerb vor Erreichen der Pubertät oder der Hinweis auf den natürlichen Bilingualismus, bei dem Kinder in natürlicher Umgebung Sprachen sehr rasch erwerben, nicht unbesehen übernommen werden. Einmal ist nach neueren neuro-physiologischen Erkenntnissen die o.a. Disposition aufgrund der Dominanzbildung in den beiden Gehirnhälften bereits im fünften Lebensjahr abgeschlossen (vgl. *Krashen; van der Geest; Baur; Rück*, S.217).

Dann ist weiter sehr fraglich, ob der schulisch gesteuerte Lernprozeß mit seinen kurzen Einbettungszeiträumen in die zu erlernende Fremdsprache(n) und seinen doch wesentlich anderen Umgebungsbedingungen die Lern- und Erwerbsmechanismen in gleichem Maß in Gang setzen kann wie der Spracherwerb in natürlicher Umgebung, die der Schulunterricht keinesfalls schaffen kann.

Von daher gesehen kann man durchaus dem Vorschlag zustimmen, die erste Fremdsprache bereits im ersten Grundschuljahr einzuführen, dabei aber diese erste Fremdsprache nicht als „Fach" zu unterrichten, sondern zunächst als mündliche Begegnungssprache mit dem Ziel, Kinder für sprachlich Neues zu sensibilisieren (*Freudenstein* 1991, S.411; *Zapp* 1990, S.73; *Sauer* S.134). Eine zweite Fremdsprache könnte dann ohne weiteres ab der fünften Jahrgangsstufe angeboten werden. Das bedeutete nicht nur ein Umdenken in der curricularen Planung in den Grundschulen, sondern auch für das Fremdsprachenangebot in weiterführenden Schulen, das auf den Inhalten des Grundschulangebots aufbauen müßte und sich in seinen Lehrplänen darauf einzustellen hätte. Damit könnte auch dem häufig zu hörenden Gegenargument, ein Frühbeginn des Fremdsprachenunterrichts führe beim Übergang auf weiterführende Schulen aufgrund unterschiedlicher Vorkenntnisse zu einem erschwerten Unterricht, der Boden entzogen werden - zumal ja die Situation unterschiedlicher Vorkenntnisse immer wieder und und auch in anderen Fächern von Lehrenden bewältigt werden muß (vgl. dazu *Thomae*, S.5).

Würde man dann noch vorsehen, daß die Lernenden während des Fremdsprachenerwerbsprozesses (auch schon in frühen Alterstufen) mit entsprechender Vor- und Nachbereitung an zwei bis dreiwöchigen Intensivsprachkursen mit Aufenthalt in Gastfamilien im Zielsprachenland und sich später anschließenden weiteren individuellen Aufenthalten in Gastfamilien mit Schulbesuch in einer entsprechenden Schule teilnähmen, sähen sie rasch Nutzen, Funktionieren und Fortschritt ihrer Fremdprachenkenntnisse. Der Wert derartigen Erlebens ist für die Motivation des Fremdsprachenerwerbs nicht zu unterschätzen.

Damit ist natürlich eng die Frage zu verbinden, ob der Langzeitunterricht in Fremdsprachen, wie er traditionell in den Schulen besteht (eine Sprache über mehrere Jahre mit wenigen Wochenstunden zu unterrichten), überhaupt (noch) sinn- und wirkungsvoll ist. Das diese Unterrichtsweise nicht den erwarteten Erfolg bringt, ist oft genug von allen Seiten begklagt und in seinen Folgen beschrieben worden (Literatur bei *Vielau*, S.23; *Bliesener* 1985, S.142; *Bliesener* 1989, S.209; *Bludau*, S.4ff.; *Gohrbandt*, S.7ff.; *Leupold*, S.216ff).

Man muß sich also fragen, ob nicht ein grundsätzlicher Wandel vonnöten ist, dahingehend, daß der Fremdsprachenunterricht, der sich über Jahre erstreckt, stattdessen in zeitlich begrenzten Kompaktkursen erteilt wird. Daß dies auch im schulischen und nicht nur außerhalb des schulischen Bereichs erfolgreich praktiziert werden kann, hat sich bereits vor Jahren gezeigt (*Preisendörfer*).

Derartige Kompaktkurse können die von der EU vorgesehene Sprachkompetenz durchaus vermitteln, zudem sie im Gegensatz zu Langzeitunterricht motivierender sind, da für die Lernenden abzusehen ist, daß in einer festgesetzten Zeit brauchbare Sprachkenntnisse erworben werden können, die hernach in gleicher Weise durch andere Sprachen ergänzbar sind. (*Freudenstein* (Hrsg.), 1989).

Vorsehen sollte man aber auch die Einrichtung bilingualer (oder gar multilingualer) Schulen - und nicht nur bilingualer Züge, von denen es bis 1990 nur rd. 60 an deutschen Gymnasien gab (nach *Christ* 1991, S.106). In ihnen können nach einem intensiven Anfangsunterricht die Fremdsprachen für andere Fächer durchaus erfolgreich sowohl für diese Fächer als auch den Spracherwerbsprozeß in der jeweiligen Fremdsprache eingesetzt werden. Diese bi- oder multilinguale Schule sollte in der der Europäischen Union eigentlich der Regelfall werden und nicht der Sonderfall bleiben (vgl. dazu *Freudenstein*, S.414; NM 4,90, S.209), wie es etwa die (durchaus mit dem Hauch des Elitären behafteten) Europa-Schulen (z.B. Brüssel, Luxemburg, Varese) z.Zt. noch sind. Es scheint aber, daß gerade in dieser Richtung noch sehr viel Zeit vergehen und viel Arbeit zu leisten sein wird, zumal ja in der Vergangenheit auch manche Chance in dieser Hinsicht vertan wurde, die man jetzt gern nachholen möchte: so etwa mit der Einrichtung eines deutsch-französischen Gymnasiums in Trier. Diese Idee kommt wahrscheinlich zu spät, weil nach der weitgehenden Auflösung der französischen Garnison und fast aller dazugehörigen Einrichtungen (neben Konsulat und Hospital auch der bislang existierenden Grundschule und des Lycée[!] etc.) die Einrichtung kaum noch Schüler haben und vor allem bei dem derzeitigen Finanzmangel keine große Aussicht auf Realisierung bestehen dürfte. Hier ist eine günstige Gelegenheit in der Vergangenheit nicht ausgenutzt worden - an anderen Orten dürfte es sicher ähnlich sein!

Natürlich wird in jedem Fall zu überlegen sein, welche Inhalte und Lernziele - linguistische und kulturbezogene - (häufig genug philologisch ausgerichtet), wenn nicht über Bord geworfen, so doch anders organisiert werden müssen, was für Materialien und Methoden für Kompaktkurse oder bi/multilingualen Unterricht verwendbar sind (vgl. *Freudenstein* 1991, S.413; *Zimmermann*, S.31). Eine solche Veränderung des Unterrichtskonzepts wird notwendig werden, will man das von der EU für den Fremdsprachenunterricht gesetzte Ziel erreichen. Ein weiteres Umdenken und weitere Veränderungen werden einsetzen müssen in Bereichen, über die jetzt zu sprechen ist.

4. Lehrerausbildung und -fortbildung

Ein derart veränderter Fremdsprachenunterricht stellt neue Aufgaben an die Ausbildung von Fremdsprachenlehrenden, die in ihrem gegenwärtigen Zustand im universitären Bereich drastisch charakteriesiert so ist, „daß wir zwar viel über die Rolle des Mottos im englischen Roman des ausgehenden 19.Jahrhunderts wissen, daß man aber über die Probleme des schulischen

Fremdsprachenerwerbs bei ungünstigen Lernvoraussetzungen jedoch allenfalls spekulieren kann.“ (*Vielau*, S.25).

Aber nicht nur eine auf die Praxis des Fremdsprachenunterrichts bezogene Veränderung der universitären Ausbildung ist zu fordern, sondern auch die Heranbildung von Lehrenden für Grund- und Hauptschulen, die für den Fremdsprachenunterricht besonders qualifiziert sind. Es muß ihnen die Möglichkeit geboten werden, eine bis zwei Fremdsprachen als Wahlfächer einschließlich fachdidaktischmethodischer Kenntnisse in ihrer Ausbildung zu erwerben (vgl. dazu *Thomae*, S.6).

Doch nicht nur für den Bereich der reinen Sprachfächer ist der Mangel an fachdidaktisch-methodischer Ausbildung gravierend, sondern auch für das fachwissenschaftlich/fachsprachlich orientierte fremdsprachliche Lernen, wo für den schulischen Bereich bislang nichts oder punktuell nur wenig getan wurde - anders als hingegen für Bereiche des außerschulischen Lernens (vgl. *Ernst*, S.237; ähnlich *Christ* 1990, S.81).

Als erste Konsequenz muß man die Forderung aufstellen, daß eine entsprechende fremdsprachendidaktische und -methodische Komponente bereits während des Studiums in die Ausbildung aufgenommen wird, die zudem auch die Problematik fremdsprachlichen Unterrichts in Sachfächern, des Unterrichts in Kompaktkursen und Fachsprachkursen (die mehr und mehr erforderlich sein werden) berücksichtigt, und dabei auch die Aufarbeitung bzw. Erstellung adäquaten Lern- und Lehrmaterials einübt.

Es müssen weiterhin in die Ausbildung andere relevante Bereiche einbezogen werden wie etwa Auseinandersetzung mit alterstufengebundenem Fremdsprachenerwerb (mit der Unterscheidung zwischen Erst-/ Einsstiegsprache und weiteren Sprachen) , Sprachvergleiche zwischen Mutter- und jeweiliger Zielsprache, mit dem Ziel, einmal die sich im Spracherwerbsprozeß bildenen 'Zwischensprachen' besser von wirklichen Fehlleistungen zu unterscheiden und sie zu beheben bzw. im Unterricht grundsätzlich auf ihre Vermeidung hinzuarbeiten. Auch die Beschäftigung mit Folgen des Sprachkontakts, der individuellen Mehrsprachigkeit und natürlich auch die Kenntnis der sich auf den Spracherwerbsprozeß auswirkenden kulturellen Gegebenheiten und der Kulturkontakte gehören in die Ausbildung.

Eine der wichtigsten Forderungen ist aber, daß innerhalb der Lehrerausbildung jeder Fremdsprachenlehrende mindestens sechs Monate (besser mehr!) im jeweiligen Ausland verbringt, sei es zum Studium oder mit beruflicher Tätigkeit (*Thomae*, S.5f.), wenn nicht sogar ein großer

Teil der Ausbildung im Ausland absolviert werden sollte (*Bliesener* 1989, 7,211). Dies ist durch die entsprechenden EG/EU-Programme (it Erasmus, Lingua) finanziell kein großes Problem mehr. Gefördert werden muß diese „Mobilität“ durch die Ausbildenden an Universität, Hochschule und Schule, die mit gutem Beispiel vorangehen und mindestens alle zwei Jahre eine entsprechende ‚Fortbildung‘ im Ausland absolvieren sollten, bei der sie auch - und vielleicht sogar überwiegend - in der Unterrichtspraxis stehen müßten, in der sie ihre Muttersprache als Fremdsprache zu unterrichten hätten.

Derartige Auslandsaufenthalte trügen sicher auch zum Abbau von gegenseitigen Vorurteilen auf den verschiedenen Gebieten bei und förderten den erlebten landeskundlichen Wissenserwerb. Bei den Lehrenden an Universitäten und Hochschulen käme noch hinzu, daß sie den Kontakt zur Realität des Fremdsprachenunterricht nicht verlören, auf die sie ihre Studierenden vorbereiten sollen.

Eine solche Veränderung in der Ausbildungskonzeption wäre auch dann nicht überflüssig, wenn der Idealfall einträte, daß der native speaker den jeweiligen Fremdsprachenunterricht im anderen Lande erteilen würde, also der Franzosen Französisch an deutschen oder italienischen, Deutsche Deutsch an französischen, italienischen oder türkischen Schulen usw. (*Freudenstein* 1991, S.414 f.). Neu hinzu käme nur, daß jeder Muttersprachler lernen müßte, seine Muttersprache als Fremdsprache zu unterrichten. Was in anderen Bereichen bereits erfolgreich praktiziert wird - warum sollte es nicht auch im schulischen Unterricht möglich sein?

Für die Fortbildung von Fremdsprachenlehrenden wächst der Bedarf zusehends, sowohl hinsichtlich organisatorischer als auch didaktisch-methodischer Fragen, aber auch auch im Hinblick auf Aktualisierung des Sprachwissens und der Sprachverwendung. Notwendig ist es, diese Fortbildung sinnvoll zu organisieren, sei es in Form von Arbeitsgemeinschaften, Seminaren, Fachtagungen, Studienaufenthalten, Hospitationen, Fortbildungskursen mit eng umschriebener Thematik, Tagungen von Fachverbänden, Lehreraustausch. Notwendig ist es weiterhin, die Lehrenden auch für derartige Veranstaltungen freizustellen, und zwar nicht nur einmal und zufällig im Lauf eines Arbeitslebens, sondern in regelmäßigen und den Aufgaben angepaßten Abständen. Man muß sich stets vor Augen halten, daß auch für Lehrende genau wie für andere Berufsgruppen lebenslanges Lernen Grundlage einer allen Anforderungen gerechten Berufsausübung ist.

5. Lehrmaterial

Was nutzen aber alle Bemühungen um Veränderung und Verbesserung der Ausbildung und Fortbildung, der Umorganisation des Sprachunterrichts, wenn es beim alten Lehrmaterial bleibt, das größtenteils zwar den methodischen Veränderungen der letzten zwanzig Jahre (etwa durch Einbezug von Pragmatik und kommunikativer Kompetenz) verpflichtet zu sein vorgibt, sich aber oft genug erweist, daß hier nur Schlagworte ohne Präzisierung der Lern- und Lehrziele als Deckmantel für recht herkömmliche Angebote herhalten müssen und eine Lücke klafft zwischen Material und methodischen Verfahren, zwischen Anspruch und Wirklichkeit (vgl. *Segermann*, S.3).

Die Auswahl des Sprachmaterials (Themen, Situationen mit ihren dazugehörigen Texten, ihrer Lexik und Grammatik und der an der Sprachverwendung orientierten Progression) enscheidet über das Verfahren der Sprachvermittlung, das dann entweder nur zur rezeptiv-reproduktiven oder mehr produktiv-kreativen Sprachverwendung führt, wobei letztere wohl die ist, die das Lernziel des Fremdsprachenunterrichts in der EU sein sollte.

Dies bedeutet (trotz aller bisherigen durchaus positiven Entwicklung der Lehrmittel für den Fremdsprachenunterricht) eine Neuorientierung des Lehrmaterials in zwei vorrangigen Richtungen:
Erstens müssen die Lehrwerke den Lernenden die Gelegenheit geben, selbst und „als sie selbst" (*Heuer/Kippel* S.87) zu sprechen, so daß also banale und fiktive Dialoge zugunsten persönlicher Gesprächsmöglichkeiten weichen, dies ist umso bedeutsamer, wenn der Sprachunterricht auf die Begegnung und den Kontakt mit Menschen aus anderen Sprachgebieten vorbereiten soll. Damit ist die zweite Richtung angesprochen: es muß über den Spracherwerb zum Abbau von gegenseitigen Vorurteilen und zum Verständnis der Hintergründe der Verhaltensweisen des/der Anderen kommen, woraus sich durchaus auch Veränderungen für das eigene Verhalten ergeben (vgl. *Steinmann*, S.180ff.).

Das alles zusammen bedeutet, daß die oft banalen Inhalte der Lehrbuchtexte ersetzt werden durch solche, die für die jeweilige Lerngruppe und -stufe von Interesse sind, somit auch zum Sprachenlernen motivieren. An und mit derartigen Inhalten und Texten lassen sich durchaus Lexik und Grammatik vermitteln und üben. Der Lern- und Behaltenseffekt ist aufgrund des Interesses an derartigen Inhalten und Texten und ihrer Verwendbarkeit zu eigener Sprachproduktion weitaus höher als mit dem üblichen

Material. Die genannten Komponenten werden dabei nämlich viel schneller als notwendig für das Verstehen und Produzieren von Texten und für die Äußerung eigener textbezogener oder textunabhängiger sowohl mündlicher als auch (nicht zu vernachlässigender) schriftlicher) Äußerungen verstanden und akzeptiert.

Ein solches Verständnis von Texten erfordert auch ein Umdenken in der Textbehandlung. Neben den verschiedenen Arten der Vorentlastung unter Einbezug des vorhandenen Vorwissens müssen Textverstehensstrategien trainiert werden (z.B. Hypothesenbildungen, Leitfragen, Unterscheidung von Wichtigem und Unwichtigem, Schlüsselwörter, Absatz- oder Kapitelüberschriften, absatzweise bis totale Zusammenfassung, Ausfüllen graphischer Schemata usw.). Dies führt nicht nur zum Verstehen eines Textes, sondern vermittelt über den Einblick in den Textaufbau nicht nur Kenntnis der notwendigen Vertextungsmittel, sondern auch Grundlagen für eigene Textproduktion.

Im Zusammenhang mit dem Lernen und Lehren von Fremdsprachen in der EU wirft gerade die Gestaltung des Lehrmaterials noch viel mehr Fragen auf, als hier zu behandeln möglich ist. Zu denken wäre etwa an auch bilinguale Gestaltung in bilateraler Zusammenarbeit, die die Verwendung des Lehrmaterials in zwei Ländern gleichzeitig ermöglicht - was einmal schon im Hinblick auf die Mobilität aufgrund der Niederlassungfreiheit und den damit verbundenen Schulwechsel der Kinder wichtig wäre, zum anderen aber auch gerade für Grenzregionen Bedeutung haben dürfte (vgl. dazu die Hinweise in der Tageszeitung Tierischer Volksfreund vom 16.November 1992, S.4) - Hier läge zudem eine Chance für den Fremdsprachenunterricht, die kulturelle Begegnung im privaten und offiziellen Bereich schon im frühen Spracherwerbsstadium durch inhaltliche und formale Gestaltung des Lehrmaterials vorzubereiten bzw. zu bewirken.

6. Schlußbemerkung

Es gäbe noch sehr viel zu diesem Thema zu sagen. Hier konnten nur einige Aspekte im Überblick angeschnitten und auf mögliche Lösungen versuchsweise hingewiesen werden. Die Ausführungen sollten als Anregung verstanden werden zur Beschäftigung mit den Problemen dieses für die europäische Zukunft so wichtigen Bereichs, von deren rascher Lösung die Verwirklichung das grenzenlose Europa nicht zum geringen Teil abhängt. Es sollte aber auch dazu angeregt werden, als Lehrender die eigene Lehrposition zu überdenken und sich die Frage zu stellen, was man selbst zur Lösung der anstehenden Probleme aktiv beitragen kann.

Literaturverzeichnis

Abkürzungen

Auszug	aus dem Protokoll der zweiten Sitzung der „Kommission Deutsch in Italien“ (KDI) am 30.11.-01.12.1988, in: Fragezeichen 3,89, S. 4ff.
BGI	Bundesgesetzblatt
FMF	Fachverband Moderner Fremdsprachen
Fragezeichen	Fragezeichen. Beiträge zur Theorie und Praxis des Deutschunterrichts in Italien. Contributi teorici e e practici all'insegnamento del tedesco in Italia Editoriale News, Lainate (Mi)
Info DaF	Informationen Deutsch als Fremdsprache, hrsg. vom Deutschen Akademischen Austauschdienst in Zusammenarbeit mit dem Fachverband Deutsch als Fremdsprache, iudicium verlag, München
NM	Neusprachliche Mitteilungen aus Wissenschaft und Praxis, herausgegeben vom Fachverband Moderne Fremdsprachen FMF bei Cornelsen Verlagsgesellschaft, Bielefeld
Praxis	Praxis des neusprachlichen Unterrichts, hrsg. im Verlag Lambert Lensing von Reinhold Freudenstein und Klaus Hinz unter redaktioneller Mitarbeit von Albert Barrera-Vidal

Baader, Werner: Ist Deutsch eine „schreckliche Sprache“? Ein Wunsch von Bundeskanzler Kohl stößt auf böse Polemik, in: Internationale Assoziation Deutschsprachiger Medien e. V. I/92, abgedruckt in: Presse-Echo, Sonderausgabe: Das Deutschlandbild im Ausland, hrsg. vom Goethe-Institut München, 1992.

Baur, Rupprecht S.: Lateralisierungsforschung und Fremdsprachenlernen; in: 11. Fremdsprachendidaktiker-Kongreß, Region, Drama, Politik, Spracherwerb. Hartmut Melenk, Jean Firges, Günter Nold (Hrsg.), Tübingen 1887, S.438-442.

Bliesener, Ulrich(1985): „In Sachen 'Vergessene Mittelstufe'“; in: NM 3,85, S.142ff.

- (1989): Fremdsprachen für Europa. Aufgaben für die Schule; in: NM 4,89, S. 209ff.

Bludau, Michael: Was kann, was soll der Englischunterricht auf der Mittelstufe stufe leisten? in: Der fremdsprachliche Unterricht 4,87, S.4ff.

Christ, Herbert(1980): Ein Vorschlag zur Veränderung der Schulsprachenpolitik: „Die Homburger Empfehlungen“; in: NM 2,80, S. 97ff.

- (1990): Der Fremdsprachenunterricht in der Weiterbildung, Tübingen.

- (1991): Fremdsprachenunterricht für das Jahr 2000, Tübingen.

Ernst, Manfred: Bilingualer Unterricht in Sachfächern. Wie sich Unterrichtende darauf vorbereiten können; in: Praxis 3,92, S. 2336 ff.

Fernsehsendung der ARD vom Sonntag 8.11.92, 22.35 Uhr: Deutsch im neuen Europa. Die Zukunft unserer Sprache.

Freudenstein, Reinhold (Hrsg.)(1989): Multilingual Education through Compact pact Courses; Tübingen.

- (1991): Fremdsprachen in der Schule im Jahr 2000 und danach; in: Praxis 4,91, S. 409 ff.

Gohbrandt, Detlev: Lebenswelt und Sprachunterricht in der Sekundarstufe I. Überlegungen zu Problemen der Mittelstufe; in: Der fremdsprachliche Unterricht 4,87, S. 7 ff.

Haader, Bernd: Fremdsprachenunterricht als politischer Auftrag für Europa. Festvortrag anläßlich des FMF-Kongreßes Lübeck '90; in: NM 3,90, S. 140 ff.

Heuer, Helmut/*Kippel*, Friederike: Englischmethodik, Berlin 1987.

Krashen, S.D.: Second Language Acquisition and Second Language Learning; New York, Toronto, Sydney, Paris, Frankfurt 1981.

Leupold, Eynar: Französisch als 1. 2. und 3. Fremdsprache in Schleswig-Holstein. Anspruch und Wirklichkeit im Vergleich; in: NM 4,38, S.216 ff.

Münch, Werner: Wird die deutsche Sprache in Europa zurückgedrängt? in: Nordwest Zeitung (Oldenburg), 15.Oktober 1987 (Sonderbericht).

NM 4,90: Standpunkte. Vorschläge für einen erweiterten Fremdsprachenunterricht; (ausgearbeitet von Fritz Abel unter der Mitwirkung von 14 weiteren Autoren),in: NM 4,90, S. 206ff.

Picht, Robert im Gespräch mit der PRAXIS des neusprachlichen Unterrichts zum Thema:„Sprachliche Bildung und interkulturelle Begegnung“, in: Praxis 4,92, S. 349ff.

Preisendörfer, Hans: „Ein Jahrespensum Französisch in zwanzig Tagen?“; in: Praxis 3,1974, S. 283ff.

Raasch, Albert: Die Chance zur Chance...; in: NM 2,89, S. 72ff.

Rück, Heribert: Früher Fremdsprachenunterricht: Warum? Wie? Durch wen? in: NM 4,90, S. 217ff.

Sauer, Helmut: Fremdsprachen in der Volksschule; Hannover 1968, S.134.

Segermann, Krista: Der Einfluß bikultureller Begegnungen auf das Fremdsprachenlernen für Europa, in: Praxis 1,92, S. 3ff.

Seiser, Ulrich: Fremdsprachenlehren und -lernen: Bürgerrecht und Bürgerpflicht des Europäers von morgen. Der Lübecker Kongreß des FMF (9.-14.4.1990); in: NM 3,90, S.143ff.

Späth, Lothar: Fremdsprachenunterricht und europäischer Binnenmarkt; in: NM 1,89, S. 4ff.

Steinmann, Siegfried: Interkulturell muß es zugehen! Einige Anmerkungen zu „eigenen" und „fremden" Vorurteilen; in: Info DaF 2/92, S. 180ff.

Thomae, Dieter: „1992" und kein bißchen weise. Essay über eine Lebenslüge deutscher Bildungspolitik; in: NM 1,90, S. 4ff.

Trierischer Volksfreund vom 16.November 1992, S.4: Studie: Mehrheit hält EG-Währung für überflüssig; und Euregio nach wie vor eine Zukunftsvision (Hrals Feiber). (Anm.: In beiden Artikeln wird explizit auf mangelnde Sprachkenntnisse als Hindernis zur Bildung der Euregio hingewiesen.)

Van der Geest, T.: Neurolinguistische Reifung in entwicklungspsychologischer Sicht; in: Schnelle, H. (Hrsg.), Sprache und Gehirn, Frankfurt 1981, S. 59-80.

Vertrag über die Europäische Union (Bulletin Nr.16 vom 12. Februar 1992, hrsg. vom Presse- und Informationsamtes der Bundesregierung).

Vertrag zur Gründung der Europäischen Wirtschaftsgemeinschaft vom 25.März 1957; in: BGBl II, S. 766.

Vielau, Axel: Sprachlos in vielen Sprachen? Perspektiven des Sprachenlernens im vereinten Europa; in: Praxis 1,91, S. 20ff.

Witte, Bartold C.: Die Stellung der deutschen Sprache in der Welt; in: Info DaF 4,90, S. 359ff.

Zapp, Franz-Josef (1979): Fremdsprachenpolitik in Europa; Brüssel, Fonds Europeen de Cooperation

- (1990): „Fit für Europa" - aber wie? in: NM 2,90, S. 72ff.

Zimmermann, Günther: Erkundungen zur Praxis des Grammatikunterrichts, Diesterweg, Frankfurt 1984.

Europapolitische Bildungsarbeit

Von Heiner Timmermann und Michael Jung

1. Einleitung

Eine Umfrage bei Schülern im Raum Kaiserslautern (1992) kam zu dem Ergebnis, daß sich nur 5 % der Befragten über Europa gut informiert fühlten und 80 % der Meinung waren, daß das Thema „Europa" im Unterricht nicht ausreichend behandelt werde. Wenn man bedenkt, daß es sich hierbei um junge Menschen im Alter zwischen 16 und 20 Jahren handelte, also um diejenigen, die mitten im Bildungs- bzw. Ausbildungsprozeß stehen, wird eines ganz klar: Allen Einschätzungen und Meinungstrends, die in breiten Bevölkerungskreisen existieren, liegt ein fundamentales Bildungsdefizit zum Thema „Europa" zugrunde. Der Stellenwert der außerschulischen Jugend- und Erwachsenenenbildung braucht aus diesem Grunde nicht näher umschrieben zu werden: Er ist angesichts des weitgehend proeuropäischen Konsenses der gesellschaftlichen Führungsgruppen ein zentraler.

2. Ausgangslage laut Meinungsumfragen in Deutschland

Etwa 20-30 % der Bundesbürger sehen in der EU-Mitgliedschaft Deutschlands mehr Nachteile als Vorteile. Als vorteilhaft dagegen empfinden, wenn man die äußerst unterschiedlichen Umfrageergebnisse (Eurobarometer und Allensbach) tendenziell auswertet, schätzungsweise um die 40 % die EU-Mitgliedschaft. Grundsätzlich überwiegt also die Befürwortung vor der Ablehnung. Dies bestätigt die Schülerumfrage im Raum Kaiserslautern, die feststellt, daß 63 % der Befragten es bedauerlich fänden, wenn eine Weiterentwicklung der EG scheitern würde. Von einer grundsätzlich antieuropäischen Stimmung im Lande kann also keine Rede sein.

Dennoch ist es unübersehbar, daß gerade in letzter Zeit anläßlich der Maastricht-Referenda in Dänemark und Frankreich kritische Stimmen immer lauter werden. Waren es in Frankreich in erster Linie die Befürchtungen vor dem scheinbar übermächtigen Nachbarn Deutschland, die die Diskussion bestimmten, so spielt in Deutschland die Sorge um die D-Mark die Hauptrolle. Laut Allensbach waren im Dezember 1991 etwa die Hälfte der Bundesbürger gegen eine gemeinsame europäische Währung, während nur etwa ein Viertel dafür war. Nur ein Fünftel aller Befragten glaubte gar, daß sich eine europäische Währung so stabil halten läßt wie die D-Mark. Erschwerend kommt hinzu, daß diese Skepsis von Fachkreisen geteilt wird. Die jüngsten Ereignisse im EWS dürften diese Tendenz noch bestärkt haben.

Die Befürchtungen um den Verlust der D-Mark betten sich dabei ein in eine tieferliegende Verunsicherung, die in den Ereignissen der letzten Jahre begründet liegen: Die deutsche Wiedervereinigung und die Auflösung des Ostblocks haben die Welt in kurzer Zeit fundamental verändert. Bei allen begrüßenswerten Aspekten wie Demokratisierung im Osten und globale Abrüstung, die damit verbunden sind, bedeutet dieser Wandlungsprozeß auch Orientierungsverlust. Das Leben in der Nische des Ost-West-Konfliktes war berechenbar; nun ist die Zukunft offener geworden und damit auch unkalkulierbarer. Die Folge ist ein Rückzug auf vertraute Identitätsmuster, wie - zur Zeit am augenfälligsten - auf die Nation. Wenn sich dieser Trend in West- und in Ostdeutschland auch aus verschiedenen Quellen speist, so zeigt er doch die gleichen Phänomene: die Etablierung rechtsextremer Parteien und Gruppierungen, Fremdenangst in breiten Bevölkerungskreisen, ausländerfeindliche Pogromstimmung vor allem bei jugendlichen Randgruppen.

Auch für den Europagedanken hat dies negative Konsequenzen, indem 39 % der Westdeutschen und 34 % der Ostdeutschen mit der europäischen Einigung befürchten, daß „das, was Deutschland war, allmählich verloren" geht (Allensbach).

Wenn also alles in allem noch die Befürworter einer europäischen Einigung vor den Gegnern überwiegen, so sind Verunsicherung und Ängstlichkeit über die weitere Zukunft Deutschlands in Europa als Grundgefühl nicht zu übersehen. Diese Verunsicherung liegt nicht nur in dem eingangs festgestellten Bildungsdefizit. Sie liegt auch in der Natur einer wahrhaftig ungewissen Zukunft, die auch der politischen Bildungsarbeit gewisse Grenzen setzt.

3. Grenzen der europäischen Bildungsarbeit

Die derzeitige Verunsicherung vieler Menschen in unserem Land liegt nicht nur in der naturgegebenen Unvorhersehbarkeit der Ereignisse begründet. Gerade bezüglich der europäischen Einigung sind tatsächlich viele Fragen über die Entwicklung und Gestalt der zukünftigen Gemeinschaft unbeantwortet. Auch der Maastrichter Vertrag hat in vielen Punkten keine eindeutige Klärung gebracht:

- Wie soll eine endgültige europäische Verfassung aussehen?

- Wann wird das Europäische Parlament ein Parlament im klassischen Sinne mit Legislativ- und Kontrollgewalt?

- Soll es irgendwann eine europäische Regierung geben?

- Wie soll diese aussehen, d.h. welche Ressorts vereinigen welche Kompetenzbereiche auf europäischer Ebene?

- Werden die sozialen Errungenschaften der Bundesrepublik Deutschland erhalten bleiben?

- Wie weit soll die geographische Ausdehnung der EU einst reichen?

Sogar in dem Bereich, der im Maastrichter Vertragswerk am ausführlichsten ausformuliert ist, im Bereich der Wirtschafts- und Währungsunion, scheinen die Vorstellungen und Erwartungen der einzelnen Regierungen noch auseinanderzugehen, wie die Äußerungen Mitterrands vom 10.09.1992 zur Unabhängigkeit der zu schaffenden Europäischen Zentralbank belegen.

Insgesamt besteht zur Zeit der Eindruck, daß Europa voranmarschiert, ohne jedoch genau zu wissen, in welche Richtung und zu welchem Ziel. Das heißt, daß auch der leidenschaftlichste Vorkämpfer für die europäische Einigung zur Zeit keine Garantie geben kann, daß das entstehende Europa tatsächlich ein bürgerfreundliches sein wird, das den Erwartungen und Bedürfnissen der Menschen Rechnung trägt. Politische Bildungsarbeit kann somit nur in begrenztem Maße bestehende Unsicherheiten in der Einstellung zur europäischen Einigung beseitigen.

4. Ziele einer europapolitischen Bildungsarbeit

Vor dem Hintergrund der gegebenen Ausgangssituation und im Rahmen der aufgezeigten Grenzen muß europapolitische Bildungsarbeit in zwei Stoßrichtungen zielen: Sie muß Aufklärung betreiben und Bewußtsein bilden, und zwar

Aufklärung über:

1. die historische Dimension Deutschlands in der politischen Architektur Europas;

2. die Entwicklung und den Stand der übernationalen politischen, ökonomischen und kulturellen Verflechtungen in Europa;

3. den Standort Europas in der Welt (politsch, ökonomisch und kulturell) und

Bewußtsein für:

1. die Problematik eines geeinten Deutschlands im europäischen Staatensystem;

2. die europäische Integration als eine in vielen Bereichen bereits bestehende und unumkehrbare Realität;

3. die Problematik eines Europas, das im globalen Zusammenhang ökonomisch, in einem gewissen Maße auch kuturell aber keinesfalls bereits politisch als Einheit besteht.

Bei allen Grenzen europapolitischer Bildungsarbeit können die aufgezeigten Ziele doch eins vermitteln: das fundierte Verständnis von dem Anachronismus der nationalen Partikularismen in Europa. Den Unsicherheiten im weiteren europäischen Integrationsprozeß ist auf diese Art die Sicherheit entgegenzusetzen, daß Rückschritt und Stagnation erst recht keine Lösungen darstellen.

5. Inhalte einer europapolitischen Bildungsarbeit

Inhaltlich sollte sich die europapolitische Bildungsarbeit nicht in einer starren Schematik an den aufgezeigten Zielen orientieren, sie sollte überdies die jeweils aktuellen Meinungstrends und Informationsniveaus innerhalb der Bevölkerung mitberücksichtigen. Das heißt für die konkrete Planung und Umsetzung von Bildungsarbeit, daß neben einem gewissen thematischen Grundstock immer auch ein Freiraum für die dynamische Gestaltung der Bildungsarbeit erhalten bleibt. Die folgende Auflistung von Themenschwerpunkten enthält demnach allgemeinere wie auch spezielle Komplexe, die auf die in 2. skizzierte derzeitige Ausgangssituation zugeschnitten sind. Systematisch orientiert sie sich an den drei unter 4. aufgeführten Zielebenen:

1. Zielebene:

- historische Entwicklung und Herausbildung des europäischen Mächtesystems unter Hervorhebung der Rolle Deutschlands;

- der „deutsche Sonderweg“ in Europa seit dem 19. Jahrhundert;

- die Rolle des wiedervereinigten Deutschlands in Europa;

2. Zielebene:

- die supranationalen Organisationen in Europa, hier insbesondere die EU mit ihren Institutionen und ihrem Stand der Entwicklung;

- die bisherigen Errungenschaften der europäischen Integration, besonders der EU (hier auch Vergleich zu EFTA oder auch Einzelgängern);

- Grundprinzipien volkswirtschaftlicher wie insbesondere zur Zeit auch währungspolitischer Zusammenhänge;

3. Zielebene:

- der „europäische Sonderweg“ seit der frühen Neuzeit (darin vor allem Vergleich der europäischen Kultur mit anderen Weltkulturen);

- Rolle der EU in der Weltwirtschaft (hier auch Nord-Süd-Problematik);

- die politische Rolle der europäischen Staaten in der Entwicklung einer polypolaren Welt.

Autorenverzeichnis

Helga Braun, Bildungsreferentin, Saarbrücken

Armin Czysz, Referent bei der Europäischen Kommision, Deutsche Vertretung, Bonn

Dr. *Lothar Jung*, Akademischer Direktor i.R., Universität Trier

Dr. *Michael Jung*, Leiter des Bildungswerks der Konrad-Adenauer-Stiftung, Saarbrücken

Prof. Dr. *Heiner Timmermann*, stellv. Leiter der Europäischen Akademie Otzenhausen, Professor für Europäische Geschichte an der Friedrich-Schiller-Universität Jena, Professor an der Wirtschaftsuniversität Budapest, Visiting-Professor an der Mittelschwedischen Universität Sundsvall

Gerd Weitzel, Referent, Handwerkskammer des Saarlandes, Saarbrücken

FSC
www.fsc.org
MIX
Papier | Fördert
gute Waldnutzung
FSC® C083411

Kolibri 360 GmbH
Ferdinand-Jühlke-Straße 7
99095 Erfurt, Deutschland
produktsicherheit@kolibri360.de

Druck:
CPI Druckdienstleistungen GmbH
im Auftrag der
Kolibri 360 GmbH
Ferdinand-Jühlke-Str. 7
99095 Erfurt